CAMINHOS PARA A SABEDORIA

Dados Internacionais de Catalogação na Publicação (CIP)
(Câmara Brasileira do Livro, SP, Brasil)

Jaspers, Karl, 1883-1969
  Caminhos para a sabedoria : uma introdução à vida filosófica / Karl Jaspers ; tradução de Cláudia Dornbusch ; prefácio de Luciano Alves Meira ; revisão da tradução: Anabella Meira e Luciano Alves Meira. – Petrópolis, RJ : Vozes ; Goiânia, GO : Editora Vida Integral, 2022.

Título original: Einführung in die Philosophie

1ª reimpressão, 2022.

ISBN 978-65-5713-597-6 (Vozes – Brasil)
ISBN 978-65-99087-3-4 (Vida Integral – Brasil)
ISBN 978-3-492-20013-4 (Alemanha)

1. Filosofia I. Dornbusch, Cláudia. II. Meira, Luciano Alves. III. Título.

22-99555   CDD-100

Índices para catálogo sistemático:
1. Filosofia   100

Cibele Maria Dias – Bibliotecária – CRB-8/9427

KARL JASPERS

CAMINHOS PARA A SABEDORIA
UMA INTRODUÇÃO À VIDA FILOSÓFICA

Tradução de Cláudia Dornbusch
Prefácio de Luciano Alves Meira

Petrópolis

© 1953 Piper Verlag GmbH, München/Berlin

Tradução realizada a partir do original em alemão intitulado
Einführung in die Philosophie – Zwölf Radiovorträge.

Direitos de publicação em língua
portuguesa – Brasil:
2022, Editora Vozes Ltda.
Rua Frei Luís, 100
25689-900 Petrópolis, RJ
www.vozes.com.br
Brasil

Em coedição com:
Editora Vida Integral
Avenida T-01, n. 2.446
Setor Bueno
74215-022 Goiânia, GO
www.editoravidaintegral.com.br

Todos os direitos reservados. Nenhuma parte desta obra poderá ser reproduzida ou transmitida por qualquer forma e/ou quaisquer meios (eletrônico ou mecânico, incluindo fotocópia e gravação) ou arquivada em qualquer sistema ou banco de dados sem permissão escrita da editora.

CONSELHO EDITORIAL

Diretor
Gilberto Gonçalves Garcia

EDITORES DA VIDA INTEGRAL

Anabella Araújo Silva e Alves Meira
Luciano Alves Meira

Editores
Aline dos Santos Carneiro
Edrian Josué Pasini
Marilac Loraine Oleniki
Welder Lancieri Marchini

Conselheiros
Francisco Morás
Ludovico Garmus
Teobaldo Heidemann
Volney J. Berkenbrock

Secretário executivo
Leonardo A.R.T. dos Santos

Editoração: Fernando Sergio Olivetti da Rocha
Diagramação: Raquel Nascimento
Revisão gráfica: Alessandra Karl
Capa: Renan Rivero
Revisão da tradução: Anabella Meira e Luciano Alves Meira

ISBN 978-65-5713-597-6 (Vozes – Brasil)
ISBN 978-65-990987-3-4 (Vida Integral – Brasil)
ISBN 978-3-492-20013-4 (Alemanha)

Este livro foi composto e impresso pela Editora Vozes Ltda.

Nota da tradutora

É de Caetano Veloso o verso inspirado por Martin Heidegger que diz estar "provado que só é possível filosofar em alemão". Talvez isso se deva às inúmeras construções lexicais desse idioma que, ao mudarem um prefixo em um verbo ou um sufixo em um substantivo, muitas vezes subvertem inteiramente o sentido da palavra. E isso se torna especialmente importante na Filosofia, tão ciosa de seus conceitos.

Tanto maior será o desafio de traduzir um texto filosófico para o português, uma língua que possui uma construção lexical e etimológica bastante diferente da alemã. Vejamos alguns dos problemas a serem resolvidos.

Comecemos com alguns conceitos-chave que se assemelham, mas que na Filosofia têm distinções bastante claras: *Wissen, Erkenntnis, Kenntnis, Wissenschaft*.

O verbo *Wissen* pode ser traduzido como "saber"; o substantivo *Wissen* seria o verbo substantivado, "o saber", que é diferente de "sapiência", ou ainda "sabedoria", que seria, em alemão, *Weisheit*, característica do sábio (*der Weise*). No texto de Jaspers, o termo *Weisheit* aparece uma única vez. No entanto, está recheado de *Erkenntnis* e *Erkennen*, o que denota a ênfase no âmbito do conhecimento e do reconhecimento, uma vez que *Erkennen* é, também, reconhecer.

5

Kennen, em sua acepção primeira, é "conhecer". O substantivo dele derivado, *Kenntnis*, também equivale a "conhecimento", assim como o verbo substantivado *das Kennen* – "o conhecer", uma estrutura muito usada por Jaspers. Então, *Kenntnis* e *Erkenntnis* são usadas, de forma equivalente, como conhecimento. Em português, convencionou-se utilizar como tradução de *Erkenntnistheorie* o termo "Teoria do Conhecimento". Por esta razão, foi mantido o termo como "conhecimento".

Outro ponto crucial aqui para Jaspers, a partir de alguns conceitos-chave presentes nesta obra: *Dasein* e *Menschsein*, como outros conceitos derivados de *sein*, "ser", que, em português, pode ser traduzido como "ser" ou "estar", enquanto no alemão tem sentido único, o que torna o processo tradutório mais complexo.

Tendência fácil e comum é traduzir *Dasein* por "existência". No entanto, Jaspers também diferencia *Dasein* e *Existenz*, não sendo equivalentes. *Existenz*, neste caso, seria traduzido por "existência", muito embora o termo também carregue aí significados especiais, como explica Luciano Alves Meira no prefácio a seguir. Criam-se, então, construções artificiais que se aproximam da conceituação feita pelo autor. *Dasein* ficou convencionado geralmente como "Estar-aí", que causa um estranhamento, justamente objetivando entender lexicalmente a construção intencionada por ele. *Sein* é o verbo "ser" ou "estar" em português, uma única palavra em alemão. Daí derivam as traduções associadas a *sein*: ***Da**sein*, ***Mensch**sein* como *Estar-aí*, *Ser-humano/Ser-homem* etc.

Como vemos nesta ótima explanação da pesquisadora portuguesa Antónia Cristina Perdigão[1], a distinção entre *Dasein* (muito

---
1. PERDIGÃO, A. (2001). *A filosofia existencial de Karl Jaspers* – Análise psicológica, 9. 10.14417/ap.386 [Disponível em (PDF) A filosofia existencial de Karl Jaspers (researchgate.net)].

associada aos conceitos heideggerianos) e *Existenz* se torna necessária, lembrando que há ainda uma distinção entre *filosofia existencial* e *filosofia da existência* – Jaspers optou pela segunda. Segue a citação:

> À luz da *Existenzphilosophie* [de Jaspers], o *Dasein* é o que se opõe à Existência e à liberdade. É o que está-aí. A presença no mundo, a realidade fornecida pela experiência ou o acontecimento sobre o qual a liberdade se enraíza. O aí é a situação.

E ainda, em nota de rodapé do texto:

> Adverte-se para o facto de o termo *Dasein* (como alguns outros) poder assumir diferentes acepções, consoante os autores. No seio da analítica existencial (ontológica) de Heidegger, por exemplo, o *Dasein*, cuja determinação fundamental é o estar-no-mundo ou o ser-no-mundo, refere-se ao próprio ser do sujeito existente. Ontologicamente, o *Dasein* é um sujeito com as características do eu absoluto ou fundamental. Somos nós enquanto existentes (Heidegger, 1984). A este respeito, leia-se também, por exemplo, Pereira (1994).

Vejamos agora brevemente a contraposição de *Objekt* e *Gegenstand*. A palavra *Gegenstand* automaticamente seria traduzida como "objeto". Ocorre que o autor usa o latinismo *Objekt* diferenciado de *Gegenstand*. Há, então, a necessidade de produzir essa diferença com outro termo para *Gegenstand* em português. Optamos por matéria (o que não é o ideal, pois leva a outras conceituações) – por sua vez, o autor usa o derivado *Gegenständlichkeit* para definir a qualidade do que é material – "materialidade".

Algo semelhante ocorre com *Gegenwart* ("presente"), que deriva para *Gegenwärtigkeit* com o sufixo *"-keit"*, formador de substantivos, indicando a qualidade do que é ou está presente. E há ainda outras variantes, sem equivalente direto no português.

Um elemento recorrente na argumentação filosófica de Jaspers é o uso de verbos substantivados, como vimos anteriormente, também e principalmente quando usa "o filosofar" – *das Filosofieren*. É bastante diferente do uso de "a Filosofia", pois, com o verbo substantivado, acentua-se o processo e não a coisa em si. O mesmo acontece com *Gedanke* e *Denken* – "pensamento" e "pensar".

A partir do exposto em um brevíssimo apanhado, espero ter sensibilizado os leitores para a dificuldade que representa traduzir um texto filosófico; optamos por incluir no corpo do texto os termos acompanhados de seu original alemão entre colchetes. Lembramos também que não há tradução definitiva nem ideal. Há tentativas de aproximação de termos que são de difícil tradução. E não nos esqueçamos de que estas palestras radiofônicas foram uma tentativa de tornar a Filosofia mais acessível. Além disso, os anexos com indicações de leitura para quem quer iniciar o estudo sobre o tema são preciosíssimos – uma aula!

Boa leitura!

Prefácio à edição brasileira

A memória afetiva é muito poderosa. A primeira vez que me deparei com *Way to Wisdom*, eu estava, lembro-me bem, em uma livraria de Nashville, no Tennessee, em 2009. Guardo com carinho e muitas anotações o exemplar editado pela Yale University Press, com tradução do alemão para o inglês de Ralph Manheim. Não foi o primeiro livro de Jaspers que li, mas com certeza foi o mais transformador. De lá para cá, o mundo girou muitas vezes, em uma velocidade estonteante, um tanto descompassado, doentio, radicalizado, levando-me a refletir sobre a atualidade destes escritos que podem fazer muito bem ao nosso espírito atormentado. Antes, contudo, de apresentar o autor e a obra, considero apropriado falar do contexto em que se enraízam na história da Filosofia.

A Filosofia da Existência

"É a busca da verdade e não a sua posse que dá valor à Filosofia."
Karl Jaspers

A tarefa dos historiadores do pensamento que procuram agrupar pensadores por similaridade é árdua porque eles bem sabem que as diferenças e os desacordos entre os filósofos de um mesmo "movimento" superam em muito as ideias e os valores que compartilham. Assim foi que Blaise Pascal (1623-1662), Soren Kierkegaard (1813-1855), Fiódor Dostoiévski (1821-1881), Friedrich Nietzsche (1844-1900), Edmund Husserl (1859-1938), Karl Jaspers (1883-1969), Gabriel Marcel (1889-1973), Martin Heidegger (1889-1976), Jean-Paul Sartre (1905-1980), Albert Camus (1913-1960) e outros menos conhecidos foram vistos navegando nos mares da Filosofia sob a mesma bandeira: a da *Filosofia da Existência*.

Em sua pequena e excelente *História do existencialismo,* Denis Huisman (1929-2021) apresenta as características que atribuem unidade a esse mosaico de pensadores tão distintos:

> Há, na corrente existencialista, um "retorno ao concreto", uma análise do sentimento da angústia, um cuidado com a existência autêntica, um sentido de liberdade e do engajamento, uma recusa de toda a hipocrisia e toda a "má-fé" que deveriam resistir como "pedras duras" ao fluxo e refluxo das vogas ondeantes do pensamento contemporâneo.

Talvez a principal virtude da *Filosofia da Existência* seja sua função emancipatória. Opondo-se às doutrinas racionalistas que dissolvem a subjetividade do indivíduo em sistemas conceituais abstratos e universalistas, esses pensadores – cada um a seu modo – nos remetem à aceitação consciente da tragicidade da condição humana, feita de incerteza, mistério e desamparo, levando-nos à compreensão de que somos pessoalmente responsáveis, porque nesse sentido verdadeiramente livres, para escolher o que faremos a respeito dessa condição, sem apelar a qualquer autoridade externa a nós mesmos, a qualquer rede de segurança imaginativa, mas apenas ao uso pleno de nossa consciência. Essa é a valiosa chamada para despertar representada pelo Existencialismo na história do pensamento. Ele nos convida a sermos filhos da terra.

Tal como nos versos de Drummond em "mãos dadas", os Filósofos da Existência fizeram do tempo presente, dos homens presentes e dos anseios da vida presente a sua matéria, para daí buscar orientação e entendimento acerca da realidade. Na concretude, todos eles convergem, mas, deste ponto em diante, as consequências e os desdobramentos de seu pensar são divergentes o bastante para que tenhamos de fazer nossas escolhas por afinidade.

Concordo, a esse título, com o verbete *Existencialismo* do *Dicionário Filosófico* de André Copte-Sponville, especialmente com a passagem em que o autor problematiza a célebre formulação de Jean-Paul Sartre de que a chave da doutrina existencialista está em que a *existência precede a essência*, e o ser-humano existe, sem natureza, antes que possa ser definido por quaisquer conceitos:

> Daí que o Existencialismo é uma filosofia da liberdade, no sentido metafísico do termo, e uma das mais radicais que já houve. Resta saber se podemos fazê-la nossa. Como existir ou fazer o que quer que seja, como se inventar ou se projetar, antes de ser primeiro algo ou alguém? Quem diria de um recém-nascido que ele não é nada? E como considerar que ser o que somos é apenas uma situação, que caberia a nós transcender, e não, ao menos em parte, uma determinação de que jamais poderemos sair (já que mudar é sempre se mudar)? "Cada pessoa é uma escolha absoluta de si", escreve Sartre em *O ser e o nada*. Aí está o que nunca pude acreditar nem pensar. Como escolher sem primeiro ser? Ou melhor, que sentido há, no presente, em distinguir o que faço ou quero do que sou? Existir é ser em ato e em situação: a essência e a existência, no presente, são uma e mesma coisa.

Essa crítica perspicaz de Sponville a Sartre não atinge o pensamento de Karl Jaspers, cuja lucidez humanizada faz com que o foco da Filosofia da Existência recaia numa outra direção.

Vida e obra

Karl Jaspers nasceu em Oldenburg, na Alemanha do Norte, em 1883. Na infância, foi diagnosticado com uma doença incurável que, segundo os médicos, não lhe permitiria ultrapassar os 20 anos de idade. Mas o menino, desde sempre apaixonado pelo "mistério da condição humana", obstinou-se em viver e estudar, criando sua própria disciplina de cuidados com a saúde. A princípio, estudou Direito, seguindo os passos do pai, mas transferiu-se para o curso de Medicina, especializando-se em Psiquiatria porque estava convencido de que "é no limite das possibilidades humanas que podemos aprender a significação daquilo que se tenta velar ou ignorar". Clinicando na Universidade de Heidelberg fez importantes contribuições para a Psiquiatria e para a Psicologia, publicando, em 1913, o livro *Psicopatologia geral* (onde os fenômenos psicopatológicos são analisados com o método fenomenológico). A Filosofia voltada à integridade do sujeito psíquico seria um prolongamento natural de seus interesses, e essa transição ocorreria com a publicação, em 1919, de *Psicologia das intuições do mundo*, obra que contém em gérmen as grandes teses de seu pensamento posterior e que é considerada por Reale e Antiseri "o primeiro escrito da Filosofia da Existência". Em 1921, Jaspers foi convidado a lecionar Filosofia na mesma Universidade de Heidelberg, onde teria como aluna e depois amiga e correspondente a célebre filósofa Hanna Arendt. Em 1931, lançou *Filosofia*, obra em três volumes que consolidou sua reputação de pensador da condição humana. Seguiram-se diversas outras obras, entre as quais *Os grandes filósofos*, *Existenz* e *A culpabilidade alemã*.

Seu posicionamento antinazista e o fato de ser casado com uma judia, Gertrud Mayer, levou-o a ser expulso da Universidade de Heidelberg em 1937. Após a guerra, em 1948, transferiu-se para a Universidade da Basileia, na Suíça, onde passou a desenvolver os seus estudos. Driblando o prognóstico dos médicos, faleceu em 1969, aos 86 anos.

Nutro por Jaspers uma admiração especial. Encontro nele qualidades pessoais que ultrapassam os fatos e feitos listados em sua biografia. Refiro-me a uma certa atitude de entrega verdadeira à Filosofia, um desprendimento humilde, sem prejuízo à ousadia, que faz lembrar Heráclito, Plotino e Espinosa e que é a marca distintiva dos que fazem da Filosofia seu modo de vida mais do que uma plataforma de debates.

Foco do pensamento

Possuindo um senso histórico muito atilado, Jaspers trabalhou para que a Filosofia se desprendesse da objetivação excessiva que a caracterizou tantas vezes ao longo de mais de dois milênios, e também para nos libertar da sombra reducionista da instrumentalização totalitária, declarada ou subliminar, em todos os domínios da existência. Sua ênfase estava em nos ajudar a perceber que só começamos a encarar a nossa condição existencial quando deixamos de sucumbir às influências do autoritarismo político que se insinua contra a democracia, do dogmatismo religioso que substitui a busca pessoal por experiências de autoconhecimento transcendente, do academicismo científico que mata no berço a curiosidade pura pela compreensão dos fenômenos da natureza.

Quero crer que ao contemplar o estado de coisas em que nos encontramos atualmente, Jaspers endossaria a preocupação que expressei em uma palestra para alunos de diversos cursos de graduação reunidos para discutir o tema da ética na tecnologia. Disse a eles que o problema não é a tecnologia em si, mas o tempo que temos dedicado às suas sedutoras aplicações, enquanto colocamos de lado nossos esforços de desenvolvimento da consciência e da sensibilidade. Quando a tecnologia deixa de ser concebida como meio para se tornar um fim, absorvendo nossos dias em virtualidades imitativas da Vida, assumindo o lugar de nossos anseios por experiências de comunicação autêntica, então ela se alinha às substâncias entorpecentes, ao mergulho desmedido no trabalho e ao consumismo para nos levar à anestesia geral da subjetividade, obrigando-nos a este dramático questionamento: Quem despertará os existentes, quando todos estiverem embalados no sono suave e tétrico do esquecimento do Ser?

Existenz e a atualidade deste livro

A atitude reflexiva contida nesta obra se torna refrescante e curativa porque nos estimula a rever as perspectivas do caminhar pensante em uma direção clara rumo à *Existenz*. Mas o que é *Existenz*?

Jaspers se refere a ela como o modo transcendente da existência imanente, que pode ser explicada como a fonte última ou basilar de cada indivíduo em sua autenticidade particular, concreta e histórica, ou ainda como um princípio de liberdade, criatividade e espontaneidade, a qualidade de uma existência tão autêntica que jamais é plenamente alcançada, apresentando-se, portanto, como uma potencialidade que está sempre adiante daquilo que o indivíduo já é, sabe ou faz.

"A autenticidade é o mais profundo, em contraposição ao mais superficial; por exemplo: o que toca o fundo de toda existência psíquica contra o que lhe aflora na epiderme, o que dura contra o que é momentâneo, o que cresceu e se desenvolveu com a própria pessoa contra o que a pessoa acolheu ou imitou."

Karl Jaspers

Falamos, pois, de uma vontade de crescimento concreto, de um processo contínuo de libertação do *estar-aí*, uma atitude não utilitária de despertamento da mente questionadora, atenta, focalizada no esclarecimento ou elucidação da própria *Existenz*, tentando romper o isolamento sofrido pelo fato de que as verdadeiras possibilidades de entendimento mútuo tão raramente se realizem entre os existentes.

Existenz é o caminho de uma *Vida filosófica*, a adoção de uma atitude que, em situações limítrofes, leva o indivíduo à compreensão do sentido singular de sua própria existência, sem que esse significado possa ser colocado em palavras por ser, antes de mais nada, um sentimento especial, situado para além de todas as facticidades e do poder da linguagem.

A autenticidade, que foi, pelo que já dissemos, um tema muito caro a Jaspers, se alimenta, pois, nesse mergulho solitário e silencioso no si-mesmo, e nela conhecemos uma liberdade que é ao mesmo tempo concreta e estrangeira: concreta porque nos coloca diante das escolhas imperativas e recorrentes do existir agora, e estrangeira porque obviamente não somos a origem dessa liberdade que, de algum modo, está em nós. Vê-se que Jaspers não espera que a resposta carregada de sentido venha do mundo, cuja indiferença silenciosa levou Camus a julgar absurda a nossa condição. Em vez disso, Jaspers se volta para a nossa interioridade, como quem cava pacientemente um poço artesiano, com a pá da consciência, removendo terra e pedras, na esperança de encontrar nas profundezas de si, o frescor da água límpida do Ser.

A relação entre Filosofia, Ciência e Religião

Entre os mais importantes feitos de Jaspers está a relação que ele estabelece entre as várias esferas do saber, especialmente entre a Filosofia, a Ciência e a Religião, tornando-se um precursor dos atuais movimentos integrais pós-metafísicos.

A Ciência, diz ele, é essencial para a Filosofia. Sem a compreensão do método científico, o filósofo não pode entender o mundo. O filósofo deve aceitar que somente por meio da Ciência podemos obter um conhecimento factual de tudo o que nos cerca, e que sempre que tentamos atribuir à Filosofia a produção desse tipo de saber, nós a expomos ao ridículo. Portanto, é muito importante que o filósofo entenda como se faz Ciência, a fim de evitar os mesmos procedimentos em seu filosofar.

Por outro lado, Jaspers nos faz ver que as virtudes dos métodos científicos e seus conceitos objetivos já sinalizam os limites em que a Ciência opera com propriedade. Assim, quando confundimos os saberes da Ciência com a *Realidade*, empurramo-la para o campo da superstição, fazendo dela uma pseudofilosofia que transforma tudo em objeto, inclusive o Ser-Humano. "A verdade é algo infinitamente mais do que a exatidão científica", explica o filósofo, e a Filosofia é a atitude que aclara a existência, levando-a à consciência de si mesma e à comunicação com as outras existências. E acrescenta: "Compreender a si mesmo é o caminho para a verdade", não para a verdade objetivante da Ciência, anônima porque válida para todos, mas sim para a verdade da minha existência.

"A Ciência sabe, mas não sabe o sentido do seu próprio saber."

Karl Jaspers

A Religião, por sua vez, é também uma das fontes privilegiadas da Filosofia, por ser o campo em que se preservam a liberdade e a dignidade da experiência transcendente, aquela dimensão da existência que ultrapassa os limites do nosso conhecimento. Para além desse valioso atributo, a Religião se afasta da Filosofia quando objetifica a transcendência, expressando-a em símbolos particularistas de determinada fé que reclama para si algum tipo de autoridade sobre os existentes.

Assim, o Deus existencial de Jaspers, afirma Huisman, é tudo o que não se deixa prender num objeto, aquilo pelo qual sabemos que não somos a origem de nossa existência. Nas palavras do nosso Filósofo: "Deus existe pela decisão que me faz existir. Esta certeza não permite encerrar Deus numa fórmula, mas faz dele uma presença para a existência". Embora nada saibamos sobre essa presença, sentimos que Dela emana a nossa liberdade, e quanto mais livres nos tornamos, mais Dela nos certificamos.

A Filosofia só pode permanecer equidistante dos erros objetivantes cometidos por cientistas e religiosos na medida em que o Filósofo compreenda o Englobante, que é a ideia mais básica da formulação da *Existenz*. Englobante é o nome que Jaspers dá à nossa consciência não objetificada do Ser, que é atingida por meio da reflexão sobre a nossa condição existencial.

Existenz é, pois, uma Filosofia de engajamento sem garantia, um ato de coragem sustentado na certeza da superficialidade do mundo e na inevitabilidade deste questionamento derradeiro: "o de saber se do fundo das trevas, dentro do homem, a luz do Ser pode brilhar".

Luciano Alves Meira
Professor e escritor

Bibliografia do prefácio

ANTISERI, D. & REALE, G. *A história da Filosofia*. São Paulo: Paulus, 1990.

COMTE-SPONVILLE, A. *Dicionário Filosófico*. São Paulo: Martins Fontes, 2011.

DREYFUS, H. & WRATHALL, M. *Fenomenologia e existencialismo*. São Paulo: Loyola, 2012.

DRUMMOND DE ANDRADE, C. *Sentimento do mundo*. Rio de Janeiro: Record, 2010.

HUISMAN, D. *História do existencialismo*. Bauru: Edusc, 2001.

JASPERS, K. *Way to Widsom* – An Introduction to Philosophy. New Haven: Yale University Press, 1954.

_____. *Philosophy of Existence*. Filadélfia: University of Pennsylvania Press, 1971 [Disponível em https://www.historiahoy.com.ar/karl-jaspers-n1658].

Índice

1 O que é Filosofia?, 25
   A Filosofia é controversa, 25
   Ciência e Filosofia, 25
   Filosofia sem Ciência, 26
   Todos se julgam capazes de julgar – Questões de criança – Deficientes mentais – Expressões idiomáticas públicas
   Como se expressa a essência da Filosofia?, 30
   Significado da palavra "Filosofia" – Tentativas de definição: não há definição possível – Formulações da Antiguidade – Formulações atuais
   Filosofia para sempre, 33

2 Origens da Filosofia, 34
   Início e origem, 34
   Três motivos originais, 34
   Espanto – Dúvida – A situação humana
   Situações limítrofes, 37
   A inconfiabilidade de todo ser-do-mundo, 37
   Experiência do fracasso e do tornar-se-si-mesmo, 39
   As três origens e a comunicação, 40

3 O Englobante, 44

   Cisão Sujeito-Objeto, 45

   O Englobante, 46

   O diferenciado de todo pensamento, a dupla cisão, 47

   Significado da certificação do Englobante, 47

   Os modos do Englobante, 49

   O sentido da mística, 49

   A metafísica como escrita cifrada, 50

   A fragilidade do pensamento filosófico, 52

   Niilismo e renascimento, 53

4 A ideia de Deus, 55

   A Bíblia e a Filosofia grega, 57

   O filósofo precisa responder, 57

   Três princípios metodológicos mutuamente excludentes, 57

   Exemplos de comprovação de Deus, 58

      Cosmológicos e teológicos existenciais

   O saber de Deus e a liberdade, 61

   Consciência de Deus em três princípios, 62

   Fé e observação, 66

5 O imperativo incondicional, 68

   Exemplos históricos do saber morrer, 68

   O imperativo incondicional, 71

   Circunscrição caracterizante do incondicional, 72

      Não Ser assim, mas por reflexão e decisão – Fé e para a fé –
      No tempo

   Bem e Mal, 74

6 O ser-humano, 79

Perscrutabilidade e liberdade, 79

Liberdade e transcendência, 81

Observação intermediária repetida, 81

Liderança, 82

Exigência de validade geral e reivindicação histórica, 85

Comportamento diante da transcendência, 86

Necessidade de pároco e filosofia, 88

7 O mundo, 90

Realidade, Ciência, imagem de mundo, 90

Não conhecimento, 93

Interpretação, 93

Manifestabilidade do estar-aí, 95

O mundo como estar-aí em desaparecimento entre Deus e existência, 96

Transgressão do mundo – Contra a harmonia do Ser e contra a dilaceração niilista à disposição em ouvir a língua da deidade oculta – Princípios da fé e as línguas de Deus no mundo – Devoção ao mundo e a Deus – O mito da história mundial transcendente

8 Fé e esclarecimento, 100

Sobre os cinco princípios da fé e sua contestação, 100

Exigências do esclarecimento, 100

Esclarecimento verdadeiro e falso e a luta contra o esclarecimento, 102

Críticas esparsas contra o esclarecimento, 104

O sentido da luta, 106

A inevitabilidade da fé, 108

9 A história da humanidade, 111

Significado da história para nós, 111

Filosofia da história. Esquema da história mundial, 113

Era axial, 115

Nossa época, 117

A questão do sentido da história, 119

A unidade da humanidade [Einheit der Menschheit], 121

A superação da história, 123

10 A independência do ser-humano que filosofa, 124

Perda e independência, 124

A imagem da independência dos filósofos da Antiguidade tardia, 124

As dubiedades da independência, 126

Limites da independência, 129

Mundo – Transcendência – Condição do Ser-Humano

Conclusão – Qual a possível aparência da independência hoje?, 132

11 Levando uma vida filosófica, 134

A vida em ordem objetiva e enquanto indivíduo, 134

A saída da escuridão, do desamparo e do autoesquecimento, 135

Meditação, 136

Comunicação, 136

Fruto do raciocínio, 138

Determinação básica, tentar, aprender a viver e aprender a morrer

O poder do pensamento, 140

As perversões, 141

A meta, 143

12 História da Filosofia, 145

Filosofia e Igreja – O estudo da Filosofia, 145

Variedade das manifestações filosóficas, 146

Panorama histórico geral, 147

Estruturas da história da filosofia, 150

A questão da unidade da história da Filosofia – A questão do início e de sua importância – A questão da evolução e do progresso – A questão da ordem de classificação

A importância da história da Filosofia para o filosofar, 154

Orientações sobre o estudo da Filosofia (Anexos), 157

Sobre o Estudo da Filosofia, 157

Sobre a leitura filosófica, 159

Representações da história da Filosofia, 162

Textos, 165

As grandes obras, 182

Obras de Karl Jaspers, 186

Índice onomástico, 192

1
O que é Filosofia?

Falar sobre o que é a Filosofia e sobre qual o seu valor é algo controverso. Dela esperamos esclarecimentos extraordinários, ou então a deixamos de lado, indiferentes, como pensamento sem objeto. Olhamos para ela com timidez, como o esforço importante de pessoas incomuns, ou então a desprezamos como elucubrações supérfluas de sonhadores. Consideramos a Filosofia como algo que diz respeito a todos e que, por isso, no fundo, deveria ser simples e compreensível, ou então a julgamos tão difícil que seria inútil nos ocuparmos dela. Aquilo que surge sob o nome de Filosofia, de fato, fornece exemplos de avaliações tão díspares.

Para aqueles que creem na Ciência, o pior é que a Filosofia não apresenta resultados de validade universal, como algo que se possa conhecer e, assim, possuir. Enquanto as ciências das áreas específicas necessariamente adquiriram certos conhecimentos de validade universal, a Filosofia não conseguiu o mesmo feito, apesar dos esforços ao longo de milênios. É inegável: na Filosofia, não há a univocidade do definitivamente compreendido. Aquilo que, por razões necessárias, é reconhecido por todos acabou por se tornar, assim, um conhecimento científico [*Erkenntnis*], e não é mais Filosofia, mas se refere a uma área específica do cognoscível [*des Erkennbaren*].

O pensamento filosófico também não tem caráter de um processo em progresso, como é o caso das ciências. Certamente, estamos muito mais avançados do que Hipócrates, o médico grego. Mas dificilmente poderemos afirmar que estamos muito mais avançados do que Platão. Estamos adiantados apenas em relação ao material dos conhecimentos científicos usados por ele. Quanto ao filosofar em si, é pouco provável que tenhamos recuperado o seu nível.

O fato de toda configuração da Filosofia, distinta das ciências, carecer do reconhecimento unânime de todos faz parte da sua natureza. A forma pela qual ela adquire as certezas não é a científica, a mesma para toda razão, mas, sim, uma certificação que, se bem-sucedida, ressoa em uníssono toda a essência do homem. Enquanto conhecimentos científicos se concentram em objetos específicos, conhecimentos esses que de modo algum são necessários para todos, no caso da Filosofia trata-se do Todo do Ser, aquilo que diz respeito ao homem em sua humanidade, se trata de verdade que, onde aparece iluminada, tem efeito mais profundo do que qualquer conhecimento científico.

É bem verdade que a Filosofia elaborada está atrelada às ciências. Ela pressupõe as ciências no estado avançado que estas alcançaram na respectiva época. Mas o sentido da Filosofia tem outra origem. Antes de qualquer ciência, ela aparece onde pessoas despertam.

Esta *Filosofia sem ciência* pode ser evidenciada a partir de alguns fenômenos curiosos:

Primeiro: Em assuntos filosóficos, quase todo mundo se considera capaz de opinar. Enquanto se reconhece que nas ciências o aprendizado, o treinamento, o método são condições essenciais para a compreensão, em relação à Filosofia evoca-se o direito de participar e opinar sem maiores problemas. O próprio ser-humano [*Menschsein*], o próprio destino e a própria experiência são vistos como pré-requisitos suficientes.

A exigência de acessibilidade da Filosofia a todos precisa ser reconhecida. Os caminhos mais imbricados da Filosofia, trilhados por especialistas em Filosofia, só terão sentido se desembocarem no ser-humano, que é determinado conforme se assegura ali como Ser e como si mesmo.

Segundo: O pensamento filosófico precisa ser genuíno o tempo todo. Toda pessoa deve executá-lo por si mesma.

Um sinal maravilhoso de que o ser-humano filosofa de forma genuína são as perguntas feitas por crianças. Não é raro ouvir de uma boca de criança algo que, pelo sentido, vai em direção à profundidade do filosofar. Vou citar alguns exemplos:

Uma criança se surpreende: – Eu sempre tento pensar que sou outra pessoa, mas sou sempre só eu mesmo. Esse menino toca na origem de toda certeza, que é a consciência-de-ser na autoconsciência [*Seinsbewusstsein im Selbstbewusstsein*]. Ele se espanta diante da charada do ser-eu [*Ichsein*], disso que não se entende a partir de nenhum outro. Ele se encontra questionador diante desse limite.

Outra criança ouve a história da criação: "No início, Deus criou o céu e a terra...", e logo pergunta: – Mas o que havia antes do início? Esse menino vivenciou o sem-fim do questionamento, o não-conseguir-parar do raciocínio, e que para ele não existe a possibilidade de uma resposta definitiva.

Ainda outra criança, em meio a um passeio e diante de uma relva perto da floresta, ouve um conto de fadas que lhe contam, dizendo que todas as noites elfos brincam naquele lugar... – Mas elfos não existem... Então, contam-lhe realidades, observa-se o movimento do Sol, explica-se a questão que pergunta se é o Sol que se move ou se é a Terra que gira, e trazem-se os motivos que evidenciam a forma redonda da Terra e o seu movimento em torno de seu próprio eixo... – Ah, mas isso não é verdade!, diz a menina, batendo o pé no chão – a Terra está parada. Eu só acredito no que eu vejo. Ao que retrucam: – Então, você não acredita em Deus, porque você também não O vê. A menina, um tanto desconcertada, diz com firmeza: – Se Ele não existisse, não estaríamos aqui. Essa criança foi tomada pelo espanto da existência: ela não é por si só. E compreendeu a diferença dos questionamentos: se são focados em um objeto no mundo, ou no Ser e no nosso estar-aí no Todo [Dasein im Ganzen].

Outra menina sobe as escadas para fazer uma visita. Ela percebe como tudo vai se modificando, vai fluindo, como tudo passa, como se não tivesse acontecido. – Mas precisa poder haver algo fixo... eu subindo essas escadas aqui para ir visitar minha tia, quero guardar isso, pensa ela. O espanto e o susto, diante da transitoriedade universal evidenciada no fenecer, buscam uma saída desamparada.

Quem se dedicasse a compilar essas histórias certamente conseguiria relatar uma rica Filosofia Infantil. O argumento de que as crianças já teriam ouvido isso dos pais aparentemente não se aplica aos pensamentos sérios. O argumento de que as crianças não continuariam filosofando e que, portanto, tais afirmações só poderiam se dar ao acaso, desconsidera um fato: as crianças, muitas vezes, possuem uma genialidade que vão perdendo à medida que se tornam adultas. É como se, ao longo dos anos, entrássemos na prisão das convenções e opiniões, dos encobrimentos e não questionamentos, processo este no qual perdemos a pureza infantil, inocente e livre. A criança ainda está aberta no estado da vida que vem se revelando, ela sente, vê e pergunta, o que depois irá desaparecer. Ela deixa de lado o que por um momento se revelava a ela e se espanta quando os adultos que tudo registram lhe contam depois o que ela disse e perguntou.

Terceiro: Assim como nas crianças, o filosofar genuíno mostra-se também nas pessoas com transtornos mentais. Às vezes – raramente, porém – é como se as amarras dos encobrimentos generalizados se soltassem e a verdade tocante se manifestasse. No início de algumas doenças mentais, ocorrem revelações metafísicas arrebatadoras, que geralmente estão longe de terem uma qualidade na forma e na linguagem que confira à sua manifestação um sentido objetivo, à exceção de casos como o do poeta Hölderlin ou do pintor Van Gogh. Mas quem presenciar uma manifestação dessas dificilmente se furtará à impressão de que ali se dissipa a névoa que costuma encobrir nossa vida. Algumas pessoas sadias também vivem a experiência de significados extremamente profundos ao acordarem depois do sono, experiência essa que se perde no período de vigília plena e que apenas nos fazem sentir que não podemos mais penetrar lá. Há um sentido profundo na seguinte frase: crianças e loucos dizem a verdade. No entanto, a genuinidade produtiva à qual devemos os grandes pensamentos filosóficos não se encontra aqui, mas nos indivíduos que em sua liberdade descompromissada e independência surgiram como poucas grandes mentes ao longo dos milênios.

Quarto: Como a Filosofia é inevitável para o ser-humano, ela está presente a todo instante na esfera pública, em ditados populares, em expressões idiomáticas filosóficas coloquiais, em convicções dominantes, tal como na linguagem do esclarecimento, nas visões de crenças políticas, mas principalmente nos mitos, desde o início da história. Não há como escapar da Filosofia. Resta apenas saber se ela se torna consciente ou não, se se torna boa ou má, confusa ou clara. Quem recusa a Filosofia acaba por praticar uma Filosofia, sem se dar conta disso.

O que, então, é a Filosofia, que se anuncia de forma tão universal e em configurações tão curiosas?

A palavra grega "filósofo" (*philosophos*) forma-se em oposição a *shopos* e significa: aquele que ama a sabedoria (a essência), diferenciando-se daquele que se chamava de sábio, posto que está de posse do saber. Esse sentido da palavra perdura até hoje: a busca da verdade, e não a posse da verdade é a essência da Filosofia, por mais que ela se denuncie por meio de dogmatismos, ou seja, de um conhecimento expresso em sentenças definitivas, completas e doutrinárias. Filosofia significa: estar a caminho. Suas perguntas são mais essenciais do que suas respostas, e cada resposta se transforma em uma nova pergunta.

Mas este estar-a-caminho – o destino do ser-humano no tempo – traz em si a possibilidade de uma profunda saciedade e, em momentos culminantes, de completude. Esta nunca reside em um sabido verbalizável nem em sentenças e confissões, mas na realização histórica do ser-humano, a quem se revela o próprio Ser. Conquistar essa realidade na situação em que há sempre uma pessoa é o sentido do filosofar.

Estar a caminho, buscando, ou: encontrar a calma e a completude do momento – estas não são definições de Filosofia. A Filosofia não tem nada de supraordinário nem de ordem secundária. Ela não pode ser deduzida a partir de outro. Toda Filosofia define a si própria por sua realização. O que é Filosofia precisa ser testado. Então, a Filosofia será de uma só vez a execução do pensamento vivo e o raciocínio sobre esses pensamentos (a reflexão), ou o fazer e o falar-sobre-o-assunto. Só a partir da experiência própria é que podemos perceber o que encontramos no mundo com o nome de Filosofia.

Mas podemos continuar expressando fórmulas sobre o sentido da Filosofia. Nenhuma fórmula esgota esse sentido, e nenhuma acabou se mostrando como a única. Ouvimos da Antiguidade: a Filosofia seria (dependendo do seu objeto) o conhecimento das coisas divinas e humanas, conhecimento do que é como o que é, sendo também (dependendo do seu objetivo) aprender a morrer, seria o anseio pensante de bem-aventurança, tornar-se semelhante ao divino e, finalmente, seria (de acordo com seu sentido amplo) a sapiência da sapiência, a arte de todas as artes, a Ciência em si, não voltada apenas a uma única área.

Hoje, talvez se possa se falar de Filosofia com as seguintes fórmulas; seu sentido seria:

- Vislumbrarmos a realidade em sua origem.

- Tomarmos posse da realidade por meio da forma pela qual nós, pensando, lidamos conosco mesmos, no nosso agir interior.

- Abrirmo-nos para a amplidão do Englobante.

- Ousarmos a comunicação de pessoa com pessoa por meio de todo sentido de verdade em uma emulação amorosa.

- Mantermos viva a razão ainda diante do mais dessemelhante e diante do que fracassa, de forma paciente e incessante.

A Filosofia é o que concentra, aquilo que faz a pessoa ser ela mesma, na medida em que faz parte da realidade.

Não obstante a Filosofia poder mover qualquer pessoa, mesmo a criança sob forma de pensamentos simples e eficazes, a sua elaboração consciente é uma tarefa interminável, que a qualquer momento se repete, que sempre se dá como um todo presente – ela aparece nas obras dos grandes filósofos e como eco nos menores. A consciência dessa tarefa estará ativa, de algum modo, enquanto o ser-humano permanecer humano.

Não é de hoje que a Filosofia é atacada de forma radical e negada como um todo, como sendo supérflua e nociva. Para que ela serve? Ela não se sustentaria em caso de necessidade.

O pensamento eclesiástico autoritário repudiou a Filosofia autônoma, pois dizia que ela afastava de Deus, seduzia com o profano e que estragava a alma com nulidades. O pensamento político totalitário levantou a seguinte crítica: os filósofos tinham apenas interpretado o mundo de outro modo, mas tratava-se de modificá-lo. Para ambos os pensamentos, a Filosofia era considerada perigosa, pois desestruturava a ordem, fomentava o espírito de independência e, com isso, o espírito de indignação e de rebelião, e ela iludia e desviava o ser-humano de sua real tarefa. A força potente de um Além, iluminado pelo Deus revelado, ou o poder que tudo exige para si, de um Aqui sem Deus, querem a extinção da Filosofia.

Além disso, provém do cotidiano do bom-senso humano a medida simples da utilidade, que é onde a Filosofia fracassa. Thales, considerado o primeiro dos filósofos gregos, já fora ridicularizado pela criada, que o viu cair no poço quando observava o céu estrelado. Por que procurava o que estava mais distante, se era tão pouco habilidoso com o que estava próximo?

Então, a Filosofia precisa se justificar. Isso é impossível. Ela não tem como se justificar a partir de um outro para o qual ela tem autorização graças à sua utilidade. Ela só pode se voltar para as forças que em cada um de nós de fato impulsionam para o filosofar. Ela pode saber que exerce uma atividade humana não utilitária, desconectada de qualquer questionamento sobre benefício e prejuízo no mundo, e que ela se realizará enquanto os homens viverem. Mas as forças que lhe fazem oposição não se furtam a pensar no raciocínio que lhes foi dado e lhes é próprio, produzindo estruturas de pensamento [*Denkgebilde*] utilitárias, que são um substituto da Filosofia, mas que estão sujeitas às condições de um efeito intencional – como o Marxismo, o Fascismo. Mesmo essas estruturas de pensamento mostram a inevitabilidade da Filosofia para o ser-humano. A Filosofia está sempre lá.

Ela não consegue lutar nem se comprovar, mas consegue se comunicar. Ela não oferece resistência quando é repudiada, não triunfa quando é ouvida. Ela vive naquela unidade que na base da humanidade pode a todos unir.

A Filosofia em grande estilo e em contexto sistemático existe há dois milênios e meio no Ocidente, na China e na Índia. É uma grande tradição que busca diálogo conosco. A diversidade do filosofar, as contradições e as reivindicações de verdade mutuamente excludentes não conseguem evitar que, no fundo, quem age é a unicidade, que ninguém possui e em torno da qual giram todos os esforços, sempre: a Filosofia única eterna, a *philosophia perennis*. Dependemos dessa base histórica do nosso pensamento, se quisermos pensar com a consciência aguda e em essência.

2
Origens da Filosofia

A história da Filosofia, como pensamento metódico, tem seu início há dois milênios e meio, mas como pensamento místico, muito antes disso.

No entanto, início é diferente de origem. O início é histórico e traz para os pósteros uma quantidade crescente de pressupostos por meio do trabalho de pensamento já realizado. Mas a origem, a todo e qualquer tempo, é a fonte de onde provém o estímulo para o filosofar. É só a partir dele que a Filosofia de cada presente se torna essencial e se compreende a Filosofia anterior.

Esse caráter de originalidade é múltiplo. Ao *espanto* seguem-se a pergunta e o conhecimento, à *dúvida* diante do conhecido seguem-se o exame crítico e a certeza clara, ao *abalo emocional do homem* e da consciência de seu abandono segue-se o questionamento de si mesmo. Retomemos inicialmente esses três motivos.

Primeiro: Platão disse que a origem da Filosofia é o *espanto*. Nosso olho permitiu que fôssemos "partícipes da visão das estrelas, do Sol e da abóbada celeste". Essa visão deu-nos "a pulsão de examinar o Universo. Surgiu daí a Filosofia, o maior bem já concedido pelos deuses à raça mortal". E Aristóteles: "Pois foi o espanto que levou os homens a filosofar: primeiro, eles se espantaram com o que não lhes parecia familiar, depois foram seguindo aos poucos, perguntando sobre as mudanças da Lua, do Sol, dos Astros e do surgimento do Universo".

Espantar-se impulsiona para o conhecimento. Ao espantar-me, tenho consciência de meu não conhecimento. Busco o conhecimento, mas apenas pelo conhecimento em si, e não "para uma utilidade comum qualquer".

Filosofar é como um despertar do atrelamento à miséria da vida. O despertar se dá por meio do olhar não utilitário para as coisas, o céu e o mundo, a partir das seguintes perguntas: O que é isso tudo e de onde vem isso tudo? – perguntas cujas respostas não devem servir a nenhum propósito utilitário, mas que em si já propiciam satisfação.

Segundo: Uma vez que tenha encontrado satisfação para o meu espanto e para a minha admiração a partir do conhecimento do que é, logo se manifesta a *dúvida*. É verdade que os conhecimentos vão se acumulando, mas, diante de um exame crítico, nada é certo. As percepções sensoriais são condicionadas por todos os nossos órgãos dos sentidos sendo, portanto, ilusórias; de qualquer modo, elas não coincidem com aquilo que é em si fora de mim, independentemente de minha percepção. Nossas formas de pensar são aquelas da nossa razão humana. Elas se enredam em contradições insolúveis. Em todo lugar há afirmações contra-afirmações. Filosofando, tomo a dúvida, tento executá-la radicalmente e, então, a trato ou com o prazer da negação pela dúvida, que invalida tudo, mas também não avança nenhum passo sequer, ou então pergunto onde haverá certeza que se exima de toda e qualquer dúvida e que se sustente diante da honestidade de toda e qualquer crítica.

A famosa frase de Descartes "Penso, logo existo" era para ele uma sólida certeza, mesmo duvidando de todo o resto. Pois até uma falácia completa no meu pensar, uma falácia que esteja para além de minha compreensão, não pode me cegar para o fato de que para que eu seja iludido por meus pensamentos preciso *ser*.

A dúvida, enquanto dúvida metodológica, transforma-se em fonte de exame crítico de todo e qualquer conhecimento. Por isso: sem a dúvida radical não há um filosofar efetivo. Mas é decisivo como e onde se conquista o chão da certeza por intermédio da dúvida.

> E, agora, o **terceiro:** entregue ao conhecimento dos objetos no mundo, praticando a dúvida como o caminho para a certeza [*Gewissheit*], fico concentrado nas coisas, não penso em mim nem em meus objetivos ou em minha felicidade, minha salvação. Ao contrário, esquecendo-me de mim, me satisfaço praticando aqueles conhecimentos.
>
> Isso tudo muda quando passo a ter consciência de mim na minha situação.
>
> O estoico Epicteto disse: "A origem da Filosofia é a *percepção da própria fraqueza e impotência*". Como ajudar a mim mesmo diante da impotência? A resposta dele: considerando tudo aquilo que não está em meu poder como equivalente para mim em termos de necessidade e, em relação ao que está em meu poder, que são o modo e o conteúdo de minhas ideias, trazer clareza e liberdade por meio do pensamento.

Asseguremo-nos de nossa situação humana. Estamos sempre em situações. As situações mudam, surgem oportunidades. Quando elas são perdidas, não voltam. Eu mesmo posso trabalhar na mudança da situação. Mas há situações que permanecem em sua essência, mesmo quando a sua manifestação [*Erscheinung*] momentânea se torna diferente e o seu poder avassalador se oculta debaixo de véus: preciso morrer, preciso sofrer, preciso lutar, estou sujeito ao acaso, enredo-me inevitavelmente em culpa. A essas situações básicas da nossa existência damos o nome de *situações limítrofes*. Isto é, são situações que não podemos superar, não podemos mudar. Depois do espanto e da dúvida, trazer à consciência essas situações limítrofes é a origem mais profunda da Filosofia. Já na mera existência muitas vezes desviamos delas, fechando os olhos e vivendo como se elas não existissem. Esquecemos que temos que morrer, esquecemos a nossa culpabilidade e que estamos sujeitos ao acaso. Assim, teremos que lidar apenas com as situações concretas que dominamos a nosso favor e às quais reagimos com base em planos e ações no mundo, movidos pelos nossos interesses existenciais. Mas, diante das situações limítrofes, reagimos por ocultação ou então, se realmente as entendermos, reagimos a elas com desespero e renascimento: transformamo-nos em nós mesmos em uma metamorfose da nossa consciência do Ser [*Seinsbewustsein*].

Vamos ilustrar a nossa situação humana de outra forma que não a *inconfiabilidade de todo ser-do-mundo* [*allen Weltseins*]

A falta de questionamento em nós entende simplesmente o mundo como o ser [*das Sein*]. Em uma situação feliz, expressamos júbilo com toda a nossa força, confiamos sem muito pensar, não conhecemos nada além do nosso estado presente. Na dor, na falta de força, na impotência, entramos em desespero. E depois de termos superado tudo e ainda estarmos vivos, novamente nos esquecemos de nós e deslizamos para a vida da felicidade.

Mas, por meio dessas experiências, o homem tornou-se sagaz. A ameaça o leva a se cercar de segurança. O domínio da natureza e a comunidade humana têm a função de garantir o estar-aí [*das Dasein*].

O homem se apodera da natureza, para que ela se torne disponível a seu serviço; por intermédio do conhecimento e da técnica, a natureza deverá tornar-se confiável.

Mas, no âmbito do domínio da natureza, resta a imprevisibilidade e, assim, a constante ameaça, além do fracasso como um todo: o trabalho pesado e árduo, a idade avançada, a doença e a morte não podem ser eliminadas. Toda a transformação da natureza dominada em algo confiável é apenas especial em meio à total inconfiabilidade.

E o ser-humano se une em comunidade para limitar a luta interminável de todos contra todos e, ao final, eliminá-la; com ajuda mútua, ele quer conquistar segurança.

Mas mesmo aqui há um limite. Só quando os países forem capazes de criar um estado em que cada cidadão se relacione com o outro da forma como exige a solidariedade absoluta, poderemos garantir justiça e liberdade no todo. Pois só assim os outros se uniriam como uma só força para defender alguém que sofresse alguma injustiça. Isso nunca foi assim. Sempre é um círculo restrito de pessoas, ou então são indivíduos que realmente estão sempre ali para o outro em casos extremos, mesmo na impotência. Nenhum país, nenhuma igreja, nenhuma sociedade protegem de forma absoluta. Esse tipo de proteção foi a bela ilusão em tempos tranquilos, em que o limite ficou velado.

Mas contra a inconfiabilidade do mundo existem outras coisas: há no mundo a credibilidade e a confiabilidade, há um motivo central: pátria e paisagem – pais e antepassados – irmãos e amigos – a esposa. Há o motivo histórico da tradição na própria língua, na fé, na obra dos pensadores, dos poetas e escritores, dos artistas. Mas toda essa tradição também não oferece acolhimento nem confiabilidade absoluta. Mas ela se apresenta para nós como obra de humanos, em nenhum lugar há Deus no mundo. A tradição continua sendo sempre também uma pergunta. A todo tempo o homem, olhando para ela, precisa encontrar, a partir de sua própria origem, o que são para ele certeza, Ser, confiabilidade. Mas a precariedade de todo ser-do-mundo [*Weltsein*] é um alerta para nós, ela nos impede de nos acomodar com o mundo; aponta para algo mais.

As situações limítrofes – morte, acaso, culpa e a inconfiabilidade do mundo – mostram-me o fracasso. O que faço diante desse fracasso absoluto, de cuja visão não posso me esquivar numa verdadeira presencialidade [*Vergegenwärtigung*]?

O conselho do estoico de se recolher à própria liberdade na independência do pensamento não nos satisfaz. O estoico enganou-se quando não entendeu de forma suficientemente radical a impotência do homem. Ele avaliou de maneira equivocada a dependência também do pensamento, que em si é vazio e depende do que lhe é dado, assim como se equivocou com a possibilidade de loucura. O estoico deixa-nos desalentados apenas com a independência do pensamento, porque falta substância a esse pensamento. Ele nos deixa sem esperança, porque falta toda tentativa de espontaneidade de superações interiores, falta toda realização por meio de um dar-se de presente no amor e falta a expectativa esperançosa do possível.

Ainda assim, o que o estoico quer é a Filosofia autêntica. A origem nas situações limítrofes traz a motivação para conquistar, no fracasso, o caminho para o Ser.

Para o homem, é decisivo como ele experimenta o fracasso: se lhe permanece oculto e apenas no final o homem é subjugado factualmente por ele, ou se consegue vê-lo sem véus e o tem presente como constante limite de seu estar-aqui [*Dasein*]; se opta por soluções fantásticas e apaziguamentos, ou se apenas o aceita honestamente e em silêncio diante do não interpretável. A forma pela qual experimenta o fracasso é o que fundamenta o que o homem se torna.

Nas situações limítrofes, o Nada se mostra, ou então se torna palpável aquilo que de fato é, apesar e acima de todo ser-do-mundo evanescente. Mesmo o desespero, por sua factualidade de ser possível no mundo, aponta para além do mundo.

Dito de outro modo: o ser-humano busca a Salvação. A Salvação é oferecida pelas grandes religiões universais salvacionistas. Sua característica é uma garantia objetiva de veracidade e realidade da Salvação. Seu caminho leva ao ato da conversão do indivíduo. Isso a Filosofia não pode lhe dar. No entanto, todo filosofar é uma superação do mundo, um análogo da Salvação.

Resumindo: a origem do filosofar está no espanto, na dúvida, na consciência de estar perdido. Em todo caso, inicia-se com uma comoção que acomete o homem, sempre buscando um objetivo a partir da consternação.

- Platão e Aristóteles buscavam a essência do Ser a partir do espanto.
- Descartes buscava a certeza necessária na infinitude da incerteza.
- Os estoicos buscavam a paz de alma nos sofrimentos da existência.

Cada uma das consternações tem a sua verdade, cada uma nas vestes históricas de suas concepções e de sua língua. Numa apropriação histórica, nós as atravessamos para chegarmos às origens, que ainda estão presentes em nós.

O ímpeto dirige-se ao solo confiável, à profundidade do Ser, à eternização.

Mas talvez nenhuma dessas origens seja também a mais autêntica, mais incondicional para nós. A manifestabilidade [*Offenbarkeit*] do Ser para o espanto permite que tomemos um ar, mas nos seduz para nos afastarmos do homem, para cairmos na teia de uma Metafísica pura e mágica. A certeza necessária tem o seu domínio apenas na orientação do mundo pelo conhecimento [*Wissen*] científico. A postura inabalável da alma no Estoicismo é vista por nós apenas como transição em meio à necessidade, como salvação diante da decadência total, mas ela própria permanece sem substância e vida.

Os três motivos eficazes – o espanto e o conhecimento, a dúvida e a certeza, o estar perdido e o tornar-se Si mesmo [*Selbstwerden*] – não esgotam o que nos move no filosofar presente.

Nesta época da cisão mais radical da História, de decadência inaudita e oportunidades apenas supostas, os três motivos até aqui mencionados têm sua validade, mas não são suficientes. Eles estão sujeitos a uma condição, que é a da *comunicação* entre pessoas.

Na história até os dias de hoje, havia um laço natural que unia as pessoas umas às outras em comunidades confiáveis, em instituições e no espírito geral. Até mesmo o solitário era acolhido em sua solidão. Hoje, sentimos a decadência mais fortemente no fato de que cada vez mais pessoas não estão se entendendo, se encontram e se afastam, indiferentes umas com as outras, de modo que nenhuma fidelidade ou comunidade é mais questionável ou confiável.

Agora, a situação geral, que factualmente sempre existiu, ganha importância decisiva: o fato de eu poder me entender com o outro na verdade, mas não conseguir; de justamente quando estiver certo de minha fé, confrontar-me com outra fé; de que em algum lugar limítrofe parecer sempre ficar apenas a luta sem esperança de unificação, terminando em sujeição ou aniquilação; que os agnósticos se associem cegamente à suavidade e falta de resistência, ou então as desafiem obstinadamente – tudo isso não é trivial nem desimportante.

Poderia sê-lo, se para mim existisse uma verdade no isolamento, verdade esta que me bastaria. Aquele sofrimento pela falta de comunicação e aquela satisfação única com a comunicação autêntica não nos deixariam tão consternados filosoficamente, se eu para mim mesmo em absoluto isolamento tivesse certeza da verdade. Mas eu sou apenas com os outros, sozinho não sou nada.

A comunicação é apenas um veículo para significados impessoais e valores. Justificativas e ataques, então, são recursos não de conquista e poder, mas de aproximação. A luta é uma luta amorosa, na qual cada um entrega todas as suas armas ao outro. A certeza do ser autêntico reside somente na comunicação sem reservas entre os seres humanos que convivem e lutam entre si em sua comunidade livre, que consideram esse convívio como um mero estágio preliminar, sem qualquer garantia e com abertura para o questionamento de tudo. É só na comunicação que se realiza toda a outra verdade, só nela sou eu mesmo e deixo de somente viver para preencher a vida. Deus mostra-se apenas indiretamente no amor entre pessoas; a certeza necessária é particular e relativa, subordinada ao todo; o Estoicismo se transforma em postura vazia e rija.

A postura filosófica de base, cuja expressão conceitual eu lhes apresento aqui, está enraizada na consternação pela falta de comunicação, na vontade de uma comunicação autêntica e na possibilidade de uma luta amorosa, que une em profundidade Ser-si-mesmo [*Selbstsein*] com Ser-si-mesmo.

E esse filosofar está enraizado também naquelas três consternações filosóficas, que estão todas sujeitas à condição do que significam para a comunicação entre pessoas, seja como ajudantes ou como inimigos.

Sendo assim, vale o seguinte: é verdade que a origem da Filosofia está no espantar-se, na dúvida, na experiência de situações limítrofes, mas, no fim das contas, encerrando tudo isso em si, está na vontade da verdadeira comunicação. Isso se mostra desde o início, pois toda Filosofia almeja intensamente se manifestar, se abrir, ser ouvida, e sua essência é a própria capacidade de se comunicar, sendo esta indissociável do ser-verdadeiro.

É só na comunicação que se atinge o propósito da Filosofia, em que afinal se fundamenta o sentido de todos os propósitos: a percepção interior do Ser, a iluminação do amor, o aperfeiçoamento da quietude.

3
O Englobante

Agora quero lhes apresentar um conceito fundamental da Filosofia, que também é dos mais difíceis. Ele é indispensável, uma vez que funda o sentido do pensamento filosófico propriamente dito. E precisa ser compreensível da forma mais simples, apesar de seu desdobramento ser uma empreitada intricada. Tentarei trabalhar esse pensamento conceitual com alusões.

A Filosofia começou com a pergunta: O que é? – inicialmente, há muitos tipos de Seres-que-são [*Seiendes*], as coisas no mundo, as configurações do inanimado e do vivente, infinitas coisas, tudo indo e vindo. Mas o que, de fato, é o Ser, ou seja: o Ser que mantém tudo unido, que está na base de tudo, de onde se origina tudo que é?

A resposta a essa pergunta é curiosamente variada. Venerável é a resposta mais antiga, do mais antigo filósofo, que é Thales: tudo é água, provém da água. Na sequência, em vez disso afirmava que, no fundo, tudo é fogo ou ar ou o indefinido ou a matéria ou os átomos ou: a vida, que seria o primeiro Ser, a partir do que todo inanimado significaria apenas detrito, ou: o espírito, para quem as coisas são manifestações, suas imaginações, produzidas por ele como se fosse um sonho. Vemos uma série grande de visões de mundo, às quais se deu o nome de Materialismo (tudo é matéria e acontecimento mecânico da Natureza), Espiritualismo (tudo é espírito), Hilozoísmo (o cosmo é uma matéria anímica viva) e outros pontos de vista. Em todos os casos, a pergunta sobre o que, de fato, seria o Ser, foi respondida apontando para um Ser-que-é [*ein Seiendes*] que existe no mundo, a partir do qual todas as outras coisas teriam a sua origem.

Mas o que, afinal, está correto? As justificativas na concorrência das escolas filosóficas não conseguiram, ao longo de milênios, comprovar uma dessas perspectivas como sendo a verdadeira. Cada uma delas contém algo de verdadeiro, que é uma forma de olhar e um método de pesquisa que ensina a ver algo no mundo. Mas cada uma delas estará errada se quiser se transformar na única válida e tentar explicar tudo com base em sua concepção fundamental.

E qual a causa disso? Todas essas concepções têm algo em comum: elas interpretam o Ser como algo que está diante de mim enquanto objeto, para o qual eu estou voltado, enquanto objeto diante de mim, ao qual me refiro. Esse fenômeno primevo de nosso estar-aí consciente é tão automático para nós, que mal percebemos a sua charada, pois não fazemos perguntas a ele. Aquilo que pensamos, sobre o que falamos, é sempre algo diferente de nós, é aquilo para o que nós, os sujeitos, estamos voltados diante do que está à nossa frente, os objetos. Se nós próprios nos tornamos o objeto de nosso pensamento, acabamos por nos transformar no outro e sempre estaremos presentes novamente como um Eu pensante, que executa esse pensamento de si próprio, mas que, ele mesmo, não pode ser pensado adequadamente como objeto, pois sempre será de novo o pressuposto de todo ter-se-tornado-objeto. Chamamos esse estado fundamental de nossa existência pensante de cisão sujeito-objeto. Estaremos sempre nela quando estamos em vigília e conscientes. Por mais que nos viremos e retorçamos de forma pensante, estaremos sempre voltados a objetos em meio a essa cisão, seja o nosso objeto a realidade da nossa percepção sensorial, seja a ideia de objetos ideais, por exemplo números e figuras, seja um conteúdo fantasiado ou até mesmo a imaginação de um impossível. Sempre os objetos, enquanto conteúdo de nossa consciência, estão diante de nós externa ou internamente. Usando a expressão de Schopenhauer, não há objeto sem sujeito, nem sujeito sem objeto.

Mas o que significa esse mistério da cisão sujeito-objeto, presente a todo instante? Aparentemente, que o Ser em sua totalidade não pode ser nem objeto, nem sujeito, mas precisa ser o *"Englobante"* que surge nessa cisão.

Claramente, o Ser como tal não pode ser um objeto. Tudo o que se torna um objeto para mim se desconecta do Englobante ao confrontar-me enquanto eu me afasto dele na condição de sujeito, pois para o Eu o objeto é um ser determinado. O Englobante permanece obscuro para a minha consciência. Ele é aclarado apenas pelos objetos, e tanto mais claro fica quanto mais claros e conscientes se tornarem os objetos. O Englobante não se torna, ele mesmo, objeto, mas aparece na cisão do Eu e objeto. Ele mesmo permanece pano de fundo, iluminando-se ilimitadamente por meio da manifestação, mas sempre permanece o Englobante.

No entanto, em todo pensamento há uma segunda cisão. Todo objeto enquanto determinado, se pensado claramente, está sempre em relação a outros objetos. A determinação significa distinção entre um e outro. E quando penso o próprio Ser, como contraponto penso o Nada.

Sendo assim, toda matéria [*Gegenstand*], todo conteúdo pensado, todo objeto [*Objekt*] encontra-se na dupla cisão. Primeiro, está em relação a mim, o sujeito pensante, e segundo, em relação a outras matérias. Enquanto conteúdo pensado, ele nunca poderá ser tudo, nunca a totalidade do Ser, nunca o próprio Ser. Todo Ser--pensado significa um ter-caído do Englobante. É um Específico particular, que se contrapõe tanto ao Eu quanto às outras matérias.

Portanto, o Englobante é aquilo que apenas se anuncia no Ser--pensado [*Gedachtsein*]. É aquilo que não acontece por si só, mas em que todo o restante acontece em nós.

O que significa uma tal certificação?

Medido a partir de nossa razão usual em relação às coisas, o pensamento não é natural. Nossa razão, voltada para as coisas práticas no mundo, se rebela.

A operação básica pela qual, pensando, alçamos voos para fora, por cima de todo o pensado, talvez não seja difícil, mas pode parecer bastante estranha, pois não significa o conhecimento de uma nova matéria que então se torna palpável, mas quer provocar uma transformação da nossa consciência-do-ser [*Seinsbewusstsein*]com o auxílio do pensamento.

Por não nos mostrar nenhuma matéria nova, o pensamento é vazio, no sentido de conhecimento de mundo a que estamos acostumados. Mas, pela sua forma, ele abre as inúmeras possibilidades de manifestação do-que-é [*des Seienden*] para nós, fazendo com que, ao mesmo tempo, tudo-o-que-é [*Alles Seiende*] se torne transparente. Ele transforma o sentido da materialidade para nós, despertando em nós a capacidade de conseguir ouvir nas manifestações o que é de fato.

Tentemos dar mais um passo para aclarar o Englobante.

Filosofar sobre o Englobante significaria adentrar o próprio Ser. Isso só pode ocorrer de forma indireta, pois sempre que falamos, pensamos sob forma de matérias concretas. Por intermédio do pensamento materializado precisamos direcionar os ponteiros para o imaterial do Englobante.

Um exemplo disso é justamente o que executamos ao pensar: fazemos a cisão sujeito-objeto, na qual estamos sempre e que não conseguimos ver de fora, sempre que a transformamos em matéria, ao expressá-la, mas de forma inadequada. Pois cisão é uma relação entre coisas no mundo, que estão diante de mim como objetos. Essa relação se transforma em imagem, para expressar o que não é visível e nunca é matéria por si só.

Asseguramo-nos dessa cisão sujeito-objeto, continuando o pensamento em imagens a partir daquilo que originalmente é presencial para nós e que, por sua vez, possui múltiplos sentidos. Ela será essencialmente diferente se, como razão, estou voltado para matérias, se enquanto o estar-aí vivo [lebendiges Dasein] estou voltado para meu entorno, ou se como existência estou voltado para Deus.

Como juízo [Verstand], estamos diante de coisas palpáveis e delas temos, até onde conseguirmos, um conhecimento de validade necessariamente universal, de determinadas matérias.

Como seres vivos que estão-aí [daseiende Lebewesen] em nosso entorno, somos afetados pelas experiências sensoriais e práticas que fazemos e pelo que se torna real nessa vivência como presencialidade, que não desemboca em nenhum conhecimento geral.

Como existência, referimo-nos a Deus – a transcendência – por meio da linguagem das coisas, que as transforma em cifras ou símbolos. Nem nossa razão, nem nossa sensitividade vital captam a realidade desse ser-cifrado. O ser-material de Deus é uma realidade apenas para nós como existência, e encontra-se em uma dimensão completamente diferente das materialidades empiricamente reais, obrigatoriamente pensáveis, sensorialmente aferíveis.

É assim que se estrutura o Englobante se quisermos dele nos certificar, e logo irá dividir-se em vários modos de ser Englobante; foi assim que essa estrutura surgiu, a partir de um fio condutor dos três modos de cisão sujeito-objeto; primeiro, a razão como a própria consciência, no que somos todos idênticos; segundo, a existência viva, no que somos cada um uma individualidade singular; terceiro, a existência pela qual na verdade somos nós mesmos em nossa historicidade.

Não tenho como relatar o desdobramento dessa certificação em poucas palavras. Por ora, basta dizer que o Englobante, pensado como o próprio Ser, é chamado de transcendência (Deus) e mundo, como aquilo que nós próprios somos: estar-aí [*Dasein*], a própria consciência, espírito e existência.

Se com a nossa operação filosófica de base soltamos as amarras que nos prendem ao objeto, considerado o próprio Ser, entenderemos o sentido do *misticismo*. Há milênios, filósofos na China, na Índia e no Ocidente vem dizendo algo que permanece igual em todos os lugares e ao longo dos tempos, mesmo que a forma de expressá-lo seja variada: o homem consegue superar a cisão sujeito-objeto, chegando a uma completa união de sujeito e objeto, com o desaparecimento de toda materialidade e apagamento do Eu. É então que se abre o verdadeiro Ser, deixando, ao acordar, uma consciência de um significado extremamente profundo e inesgotável. Mas, para quem teve essa experiência, aquele tornar-se uma coisa una é o verdadeiro despertar, e o despertar para a consciência na cisão sujeito-objeto é, na verdade, o sono. Escreve Plotino, o maior dos filósofos místicos do Ocidente:

> Muitas vezes, quando desperto para mim mesmo do sono do corpo, vislumbro uma beleza curiosa: então, acredito mais fortemente em meu pertencimento a um mundo melhor e superior, operando com força em mim a vida mais esplêndida e então tornei-me uno com a divindade.

Não há dúvidas quanto às vivências místicas nem quanto ao fato de que, para todo místico, o essencial é indizível na língua com a qual ele quer se comunicar. O místico submerge no Englobante. O que se torna dizível entra na cisão sujeito-objeto, e um aclaramento da consciência adentrando o infinito nunca alcançará a plenitude daquela origem. Mas só podemos falar sobre aquilo que adquire configuração material. O restante é incomunicável. Mas o fato de ele estar por trás daqueles pensamentos filosóficos que chamamos de especulativos é o que perfaz o seu teor e a sua importância.

No chão de nossa assertividade filosófica do Englobante, também entenderemos melhor as grandes doutrinas do Ser e as *Metafísicas* ao longo dos milênios sobre o fogo, a matéria, o espírito, o processo do mundo etc. Pois, de fato, não foram esgotadas por um saber representacional [*gegenständlich*], como vinham sendo entendidas muitas vezes e como tais profundamente erradas, mas eram uma escrita cifrada do Ser, esboçadas pelos filósofos a partir do presente do Englobante, almejando a iluminação de si e do Ser – e depois logo consideradas erroneamente com um determinado ser-objeto como o Ser de fato.

Quando nos movemos em meio às manifestações do mundo, tomamos consciência de que o próprio Ser não pode ser obtido nem na materialidade sempre estreitante do objeto, nem no horizonte de nosso mundo sempre limitado na condição de totalidade das manifestações, mas apenas no Englobante, que está acima de todas as matérias e horizontes, para além da cisão sujeito-objeto.

Quando ficamos cientes da operação filosófica fundamental do Englobante, as metafísicas inicialmente mencionadas e todos aqueles supostos conhecimentos sobre o Ser caem por terra, assim que quiserem entender algo que é no mundo, por maior e essencial que seja, como o próprio Ser. Mas elas são a única linguagem possível para nós, quando saímos e nos movemos acima de tudo que é, em materialidades, coisas pensadas, horizontes de mundo, acima de todas as manifestações, com o objetivo de avistar o próprio Ser. Pois não alcançamos esse objetivo abandonando o mundo, a não ser na mística incomunicável. É apenas no conhecimento nítido, materializado, que a nossa consciência consegue permanecer clara. Só nele, ao experimentar seus limites pelo que é sensível no limite, ela poderá receber sua consistência. Estando no pensar-além-dele, estaremos, ao mesmo tempo, sempre dentro dele. À medida que a manifestação se nos torna transparente, permanecemos presos a ela.

Por intermédio da Metafísica, ouvimos o Englobante da transcendência. Entendemos essa Metafísica como escrita cifrada.

Mas não compreenderemos seu sentido se cairmos na fruição estética descompromissada desses pensamentos. Pois o seu teor só se mostra a nós se ouvirmos a verdade na cifra. E ouvimos só a partir da realidade da nossa existência, não a partir da razão [*verstand*], que, aliás, acredita não ver sentido algum nisso tudo.

Mas não podemos cometer o erro de confundir o símbolo da realidade com a própria realidade concreta, assim como as coisas que pegamos, manipulamos e que consumimos. Considerar o objeto como tal, ou seja, como o verdadeiro Ser é a essência de todo dogmatismo, e considerar os símbolos como concretude material como se fossem reais é especificamente a essência da superstição. Pois, enquanto a superstição está atrelada ao objeto, a fé está enraizada no Englobante.

E, agora, a última consequência metodológica da certificação do Englobante: a consciência da fragilidade de nosso pensamento filosófico.

Se pensarmos o Englobante em uma abordagem filosófica, transformaremos novamente em objeto o que, em essência, não é matéria concreta. Por isso, é necessária a ressalva constante de reverter o que foi dito sobre conteúdo concreto para, assim, alcançar aquele conhecimento do Englobante que não é resultado de pesquisa sob forma de conteúdo enumerável, mas uma postura de nossa consciência. Não é o meu conhecimento, mas a minha autoconsciência que se transforma.

Esta então é a linha mestra de todo filosofar. Com o suporte do pensamento determinado pelo concreto, e só nele, ocorre a ascensão do ser-humano ao Englobante. Ele efetiva na consciência o motivo de nosso estar-aqui no próprio Ser, a condução a partir daí, a disposição de base, o sentido de nossa vida e de nossas ações. Ele nos liberta das amarras do pensar determinado, justamente não o revelando, mas levando-o ao extremo. No pensamento filosófico geral, ele deixa o flanco aberto para a sua realização em nossa presencialidade.

Para que o Ser seja para nós, a condição é que o Ser na cisão sujeito-objeto também se presentifique para a alma pela experiência. Por isso, a pressão que sentimos por clareza. Todo o presente minimamente obscuro deverá ser entendido em sua forma concreta e a partir da essência do Eu que se realiza. Também o próprio Ser, o que tudo fundamenta, o imediato quer ser visto diante dos olhos na forma da concretude, mesmo que seja uma forma que se transforme de novo em escombros por ser inadequada como materialidade, deixando como legado da destruição a clareza pura do presente do Englobante.

É somente a conscientização da cisão sujeito-objeto como fato fundamental de nosso estar-aí pensante e do Englobante, nele tornado presente, que nos trará a liberdade do filosofar.

O pensamento nos liberta de todo o Ser que é. Ele nos obriga a voltar daquele beco sem saída do engessamento. É um pensamento que chega a nos revirar.

A perda do caráter absoluto das coisas e da Teoria do Conhecimento concreta chama-se niilismo para aquele cuja base era isso. Para tudo aquilo que adquire sua determinação e, assim, sua finitude por meio da linguagem e da concretude material, desaparece a reivindicação exclusiva de ser realidade e verdade.

Nosso pensamento filosófico perpassa esse niilismo, que, na verdade, é a libertação para o Ser de fato. Por um renascimento da nossa essência no filosofar, crescem o respectivo sentido e valor limitados de todas as coisas finitas, torna-se certa a inevitabilidade dos caminhos que por ele passam, mas também se descobre a única razão pela qual é possível lidar livremente com essas coisas.

A queda de cima das certezas firmes, que, no entanto, eram traiçoeiras, transforma-se em saber flutuar – o que parecia abismo transforma-se em espaço de liberdade –, o aparente Nada se transforma no lugar a partir do qual o verdadeiro Ser fala conosco.

4
A ideia de Deus

Nossa ideia ocidental de Deus tem duas raízes históricas: a Bíblia e a Filosofia grega.

Quando Jeremias viu o ocaso de tudo pelo qual ele lutara durante toda a vida, quando sua terra e seu povo estavam perdidos, quando no Egito os últimos remanescentes de seu povo também se tornaram infiéis à fé em Javé, em sacrifício a Ísis, e quando seu discípulo Baruc se desesperou: "Estou cansado do meu gemido, e não acho descanso", Jeremias respondeu: Diz Javé: "Eis que o que edifiquei, eu derrubo, e o que plantei, arranco. E procuras tu grandezas para ti mesmo? Não as procures!"

Em situações como essa, as palavras têm o seguinte sentido: basta o fato de Deus ser. Não se questiona se existe "imortalidade"; se Deus "perdoa"; essas questões não estão mais em primeiro lugar. O homem não é mais o que interessa, sua vontade própria se apagou, assim como a sua preocupação com a própria bem-aventurança e a eternidade. Mas também o fato de o mundo em seu todo ter um sentido completável em si, que ele permaneça sob qualquer forma, é entendido como impossível; pois tudo foi criado por Deus a partir do Nada e está em Suas mãos. Diante da perda de tudo, permanece apenas: Deus é. Se uma vida no mundo, mesmo sob a suposta condução de Deus, tentou o melhor e, no entanto, fracassou, permanece esta única realidade imensa: Deus é. Se o ser-humano abdica totalmente de si e de seus objetivos, esta realidade consegue apresentar-se a ele como a única. Mas ela não se apresenta antes, não de forma abstrata, mas apenas a partir do próprio mergulho no estar-aí do mundo, e apenas aqui se mostra no limite.

As palavras de Jeremias são duras. Elas não estão mais atreladas a uma vontade histórica de eficácia no mundo, mas que por toda a vida se antecipava, e apenas no final, diante do fracasso total, possibilitou esse sentido. São palavras simples, sem fantasia, e contêm verdade inexplicável, justamente porque abdicam de todo conteúdo na afirmação, de toda ancoragem no mundo.

Diferentes, mesmo assim concordantes, soam as afirmações da Filosofia grega.

Xenófanes, por volta de 500 d.C., anunciava: só reina um único Deus, não sendo parecido com os mortais nem na aparência, nem nos pensamentos. Platão pensava a divindade – ele a chama de o Bem – como origem de todo conhecimento. O cognoscível não é conhecido apenas à luz da divindade, mas adquire o seu Ser a partir dela, que se destaca, ela própria, acima do Ser, em termos de dignidade e força.

Os filósofos gregos compreenderam: pelo hábito, há muitos deuses, mas pela natureza, há apenas um, não vemos Deus com os olhos, Ele não se parece com ninguém, não O reconhecemos a partir de nenhuma imagem.

A divindade é pensada como razão do mundo ou lei do mundo, ou como destino e providência, ou então como mestre de obras do mundo.

Mas, no caso dos pensadores gregos, trata-se de um Deus pensado, não do Deus vivo de Jeremias. O sentido de ambos se encontra. Em intermináveis variantes, a Teologia e a Filosofia do Ocidente, a partir dessa raiz dupla, pensaram que Deus é e o que Deus é.

Os filósofos de nosso tempo parecem gostar de evitar a questão que pergunta se Deus é. Eles nem afirmam sua existência, nem a negam. Mas quem filosofa precisa prestar contas. Se Deus é questionado, o filósofo deve dar uma resposta, ou então ele não abandona a Filosofia cética, na qual não se declara nem se afirma nada, e nada se nega. Ou então se limitando ao conhecimento determinado por concretudes empíricas, isto é, ao entendimento [*Erkennen*] científico, ele para de filosofar com a seguinte frase: a respeito daquilo que não se pode conhecer, deve-se silenciar.

A questão de Deus é abordada com base em preceitos contraditórios, pelos quais passaremos um após o outro:

O preceito teológico é: só podemos saber de Deus, porque Ele se revelou, desde os Profetas até Jesus. Sem revelação não há verdade de Deus para o homem. Deus não é acessível em pensamento, mas na obediência à fé.

Mas, muito antes e fora do mundo da revelação bíblica, já havia a certeza da realidade da divindade. E, no mundo cristão ocidental, muitas pessoas consumavam uma certeza de Deus, sem a garantia da revelação.

Contra o preceito teológico há um antigo preceito filosófico: sabemos de Deus, porque Seu estar-aí pode ser comprovado. As comprovações de Deus desde a Antiguidade, em sua totalidade, são uma documentação grandiosa.

Mas, se as comprovações de Deus forem entendidas como provas científicas necessárias, no sentido da matemática ou das ciências empíricas, então estarão erradas. Da forma mais radical, foi Kant quem as refutou em sua validade necessária.

Seguiu-se, então, a perversão: a refutação de todas as provas de Deus significa que não existe um Deus.

Esta conclusão está errada. Pois assim como o estar-aí de Deus não pode ser comprovado, tampouco o Seu não-estar-aí pode ser comprovado. As provas e suas refutações demonstram apenas o seguinte: um Deus comprovado não é um Deus, mas seria apenas uma coisa no mundo.

Ao contrário de supostas provas e refutações do estar-aí de Deus, a verdade parece ser a seguinte: as chamadas comprovações de Deus originalmente não são provas, mas caminhos de assertividade pensante. As comprovações de Deus, pensadas ao longo dos milênios e repetidas em adaptações, de fato têm um sentido diferente das provas científicas. Elas são confirmações do pensamento na experiência da ascensão do ser-humano em direção a Deus. Podemos trilhar caminhos do pensamento, em que chegaremos aos limites, onde por meio de um salto, a consciência de Deus se transforma em uma presença natural.

Vejamos alguns exemplos:

A comprovação mais antiga é a cosmológica. Do Cosmo (o nome grego para mundo) conclui-se que há Deus: a partir do sempre causado pelos acontecimentos do mundo, conclui-se a última causa, a partir do movimento conclui-se a origem do movimento, a partir da casualidade do individual, conclui-se a necessidade do todo.

Se esta conclusão for entendida como o estar-aí de uma coisa para outra, assim como a parte da Lua voltada para nós e a parte de trás, que nunca chegamos a ver, então a conclusão não é válida. Nós só podemos tirar conclusões desta forma a partir de as coisas no mundo em sua relação a outras coisas. O mundo como um todo não é uma matéria concreta, porque estamos sempre nele e, portanto, nunca o temos diante de nós como um todo. Sendo assim, a partir do mundo como um todo nunca poderemos concluir sobre nada além do mundo.

Mas o raciocínio dessa conclusão transforma o seu sentido quando perde a sua validade de prova. Por isso, nessa equação da conclusão de um a partir do outro, ele traz à consciência o mistério que consiste no fato de que só assim o mundo e nós dentro dele existimos. Vamos testar o raciocínio de que também não pudesse ser nada, perguntando com Schelling: por que algo é, e não o nada? Nesse caso, a certeza do estar-aí será constituída de tal forma que não receberemos uma resposta à pergunta sobre a sua origem, mas seremos conduzidos para o Englobante que, por sua natureza, simplesmente é e não pode não ser, e por meio do qual todo o restante é.

É bem verdade que o mundo foi considerado eterno e ao mundo foi conferida a característica de ser por si só, sendo, portanto, idêntico a Deus. Mas isso não funciona:

Tudo no mundo que for belo, útil, organizado e na ordem de certa completude – tudo aquilo que experimentamos na contemplação imediata da natureza com emoção [*Ergriffenheit*] em grande e inesgotável intensidade – não pode ser compreendido a partir de um ser-do-mundo cognoscível de forma radical, por exemplo, a partir da matéria. A utilidade do que é vivo, a beleza da Natureza em todas as formas e a ordem do mundo em si vão se tornando cada vez mais misteriosas à medida que progride o conhecimento factual.

Mas, se a partir disso concluímos pelo estar-aí de Deus, um Deus criador bondoso, logo teremos em contrapartida tudo o que é feio, confuso e desorganizado no mundo. A isso correspondem humores básicos [*Grundstimmungen*] para quem o mundo é infamiliar [*Das Unheimliche*], estranho, atemorizante e terrível. A conclusão em favor de um D(d)iabo parece tão imperativo quanto em favor de Deus. O mistério da transcendência não cessa com isso, mas se aprofunda.

Decisivo nesse contexto é o que chamamos de impossibilidade de completude do mundo. O mundo não está no fim, mas em constante transformação – nosso entendimento dele não consegue encontrar um fim – o mundo não é compreensível a partir de si mesmo.

Todas essas chamadas provas não só não comprovam a existência de Deus, mas também nos seduzem a transformá-Lo em uma realidade do mundo que, digamos, seria verificada nos limites do mundo como um segundo mundo que ali poderia ser encontrado. Dessa forma, elas turvam a ideia de Deus [*Gottesgedanken*].

Mas elas são mais impressionantes quanto mais conduzem por entre as manifestações concretas do mundo chegando diante do Nada e diante da impossibilidade de completude. Então, elas permitem que demos o impulso inicial para não nos darmos por satisfeitos no mundo como único Ser nele.

Sempre volta a ficar evidente: Deus não é um objeto do conhecimento, Ele não é imperiosamente desvendável. Deus também não é matéria da experiência sensorial. Ele é invisível, não pode ser observado, apenas crido com fé.

Mas de onde vem essa fé? Não vem originalmente dos limites da experiência do mundo, mas da liberdade do ser-humano. Aquele que realmente se conscientiza de sua liberdade, também irá se assegurar de Deus. Liberdade e Deus são inseparáveis. Por quê?

Estou certo disso: em minha liberdade, não me sou dado de presente por mim mesmo, mas me sou presenteado dentro dela, pois posso falhar comigo mesmo e não forçar o meu estar-livre. Onde eu for autêntico, estarei certo de que não o sou por mim mesmo. A maior liberdade é experimentada no desapego ao mundo, e essa liberdade mantém uma ligação profunda com a transcendência.

Também chamamos o ser-livre do homem de sua existência. Deus é certo para mim com a assertividade com que existo. Ele certamente não é conteúdo de conhecimento, mas presencialidade para a existência.

Quando a certeza da liberdade engloba em si a certeza do Ser de Deus, então existe uma relação entre a negação da liberdade e a negação de Deus. Se eu não experimento o milagre do Ser-eu-mesmo, então não preciso recorrer a Deus, mas me satisfaço com o estar-aí da Natureza, com muitos deuses, com os demônios.

Por outro lado, existe uma relação entre a afirmação de uma liberdade sem Deus e o endeusamento do homem. É a liberdade ilusória da arbitrariedade, que se entende como autonomia supostamente absoluta do "eu quero". Confio na força própria do "mas é assim que eu quero e pronto" e na aceitação desafiadora da morte. Mas essa ilusão diante de mim mesmo, de que eu mesmo sou sozinho por mim, faz com que a liberdade se transforme na perplexidade do estar-vazio [*Leersein*]. A selvageria do querer-se-impor transforma-se no desespero, no qual se fundem o "desespero para ser si mesmo" e "o desespero para não ser si mesmo", de Kierkegaard.

Deus é, para mim, na medida em que, em liberdade, realmente me torno eu mesmo. Ele justamente não é conteúdo de conhecimento, mas apenas tornar-se revelação para a existência [*Existenz*].

Pelo aclaramento de nossa existência como liberdade, no entanto, acaba por não se comprovar o estar-aí de Deus, mas apenas se mostra o lugar em que a sua certeza é possível.

O pensamento que busca uma certeza convincente não encontra eco em nenhuma prova da existência de Deus. Mas o fracasso do pensamento não deixa de ter seus resultados. Ele aponta para aquilo que se desdobra em um eterno e inexaurível questionamento sobre a consciência englobante de Deus.

O fato de Deus não se tornar palpável no mundo significa, igualmente, que o homem não deve abrir mão de sua liberdade em benefício das perceptibilidades, autoridades, poderes, e que ele, antes, é responsável por si próprio e não deve fugir desta responsabilidade, abdicando da liberdade, supostamente em nome dessa mesma liberdade. Ele deve ser grato a si mesmo pela decisão que tomar e pelo modo de encontrar o caminho. Por isso, diz Kant: a sabedoria inexplorável é tão digna de admiração por aquilo que nos dá, quanto por aquilo que nos nega. Pois, se ela em sua majestade estivesse sempre diante de nós, se falasse inequivocamente como autoridade imperativa no mundo, seríamos marionetes de sua vontade. Mas ela nos quis livres.

Em vez do saber de Deus, que é inalcançável, certificamo-nos, filosofando, da consciência englobante de Deus: "Deus é"; nesta frase, a realidade para a qual ela aponta é decisiva. Essa realidade ainda não está contida já no pensamento da frase; o mero fato de ser pensada, na verdade, a deixa vazia. Pois o que há ali em termos de juízo e experiência sensorial não é nada. O que se intenciona ali, na verdade, apenas na transcendência, na ultrapassagem da realidade, é sensível por ela mesma como a própria realidade. Portanto, o ápice e o sentido de nossa vida é quando temos certeza da realidade de fato, ou seja: de Deus.

Essa realidade é acessível à existência na genuinidade de seu atrelamento a Deus. Por isso, a genuinidade da fé em Deus rejeita toda e qualquer mediação. Realmente, não se encontra já em quaisquer conteúdos de fé determinados, manifestáveis para todas as pessoas, nem em uma realidade histórica intermediadora de Deus, igual para todas as pessoas. Ao contrário, ocorre em cada historicidade específica a relação incondicional, sem necessidade de intermediários e independente do indivíduo com Deus.

Essa historicidade, agora tornada pronunciável e representável nesta roupagem, não é a verdade absoluta para todos; não obstante, é incondicionalmente verdadeira em sua origem.

O que Deus é realmente, Ele precisa ser de forma absoluta, e não apenas em uma das manifestações históricas de Sua língua, a língua dos homens. Portanto, se Ele é, Ele precisa poder ser sentido diretamente e sem rodeios pelo ser-humano.

Se a realidade de Deus e o imediatismo da referência histórica a Deus excluem o conhecimento de Deus válido universalmente, então em vez do conhecimento, demanda-se a nossa atitude para com Deus. Desde sempre, Deus foi pensado em configurações do ser-do-mundo, até a configuração da personalidade segundo analogias humanas. Não obstante, cada uma dessas concepções é também como um véu. Deus não é, não importando o que temos diante dos olhos.

Nossa verdadeira relação com Deus encontrou sua expressão mais profunda nas seguintes palavras da Bíblia: *Não farás para ti imagem de escultura, nem alguma semelhança*. Isso em algum momento significava: a invisibilidade de Deus proíbe idolatrá-Lo em imagens divinas, ídolos, esculturas. Essa proibição violenta irá aprofundar-se, dizendo não apenas que Deus é invisível, mas inconcebível, impensável. Nenhuma comparação pode corresponder a Ele e nenhuma pode substituir o Seu lugar. Todas as comparações, sem exceção, são mitos que, como tais, fazem sentido em seu caráter evanescente de ser mera comparação; mas são superstição, quando tomadas como a realidade do próprio Deus.

Justamente pelo fato de que toda visão como imagem se oculta ao se mostrar; a proximidade mais decisiva de Deus encontra-se na ausência de imagem. Essa verdadeira exigência do Antigo Testamento não foi realizada nem por Ele mesmo: permaneceu a personalidade de Deus enquanto imagem, Sua ira e Seu amor, Seu julgamento e Sua graça. A exigência é impossível de ser cumprida. É bem verdade que abarcar o suprapessoal sem imagem, o puramente real de Deus em Sua impossibilidade de concepção, foi tentado no pensamento especulativo do Ser por Parmênides e Platão, pelo pensamento Atman-Brahman indiano, pelo Tao chinês – mas todos esses pensamentos também não conseguem atingir o que querem na execução. Na capacidade humana de pensar e de imaginar sempre se instala uma imagem. Mas, quando no pensamento filosófico praticamente desaparecem ilustração e objeto, talvez no fim permaneça presente uma suavíssima consciência, mas que em seu efeito pode vir a ser fundante de vida.

Então, após o aclaramento de todo o endeusamento da Natureza, de todo o puramente demoníaco, de todo o estético e supersticioso, de todo o especificamente numinoso, não se perdeu o mistério profundo no suporte da razão.

Aquela suave consciência ao fim do filosofar talvez deva ser contornada.

É o silenciar diante do Ser. A língua cessa diante do que se perdeu para nós, quando se torna matéria.

Esse chão só se atinge na superação de todo o já pensado. Ele mesmo é insuperável. Diante dele, é contentar-se e apagar todo desejo.

Lá, é refúgio, mesmo não sendo lugar. Lá, é calma, que pode nos sustentar em meio à inquietude inevitável do nosso caminho no mundo.

Lá, o pensamento deve se dissolver na claridade. Onde não houver mais pergunta, não haverá mais resposta. Ao superarmos o perguntar e responder, algo que no filosofar é levado ao extremo, chegamos ao silêncio do Ser.

Outro princípio bíblico é o seguinte: *Não terás outro Deus*. Esse mandamento significa, inicialmente, o descarte de deuses desconhecidos. Ele foi aprofundado e transformado na ideia simples e inescrutável: há apenas um Deus. A vida daquele que crê em um único Deus é colocada em um chão radicalmente novo, se comparado a uma vida com muitos deuses. A concentração no uno é o que dará base real à decisão da existência. A riqueza infinita, ao final, é apenas distração; o majestoso carece do incondicional se na base faltar o uno. Permanece sendo um problema do homem, tão presente hoje quanto há milênios, saber se ele conquista o uno para ser o chão de sua vida.

Um terceiro princípio diz: *Seja feita a Tua vontade*. Essa postura básica diante de Deus significa: curvar-se diante do incompreensível, na confiança de que esteja acima, e não abaixo do compreensível. "Porque os meus pensamentos não são os vossos pensamentos, nem os vossos caminhos, os meus caminhos."

A confiança nessa postura básica possibilita uma sensação de gratidão abrangente, um amor ao mesmo tempo sem palavras e impessoal.

O ser-humano encontra-se diante da divindade como diante do Deus oculto e consegue aceitar o mais terrível desígnio desse Deus, sabendo que, qualquer que seja a forma de expressar esse desígnio, já terá sido proferida pela concepção humana e, portanto, será falso.

Resumindo: nosso comportamento diante da divindade é possível sob as seguintes condições: "sem imagem ou semelhança" – "o Deus único" – e na devoção: "seja feita a Tua vontade".

Elaborar Deus em pensamento é aclaramento da fé. Mas fé não é observação. Ela permanece a distância e na pergunta. Viver pela fé não significa apoiar-se em um conhecimento previsível, mas viver de uma forma que possamos arriscar que Deus é.

Acreditar em Deus significa viver a partir de algo que não é no mundo de nenhuma outra forma, além da língua polissêmica das manifestações, que chamamos de cifras ou símbolos da transcendência.

O Deus crido é o Deus distante, o Deus oculto, o Deus improvável.

Portanto, eu não apenas preciso reconhecer que não sei Deus, mas até mesmo que não sei se creio. Fé não é posse. Nela, não há a segurança do conhecimento, apenas a certeza na prática da vida.

O crente, portanto, vive na polissemia permanente do objetivo, na constante disponibilidade da escuta. Ele é suave na devoção ao audível, mas, ao mesmo tempo, inabalável. Na roupagem da fragilidade, ele é forte, é abertura na convicção de sua vida real.

A elaboração da ideia de Deus é, também, exemplo de todo o filosofar essencial: não garante a segurança do conhecimento, mas traz para o ser-eu-mesmo de fato o espaço livre para suas decisões; ele concentra tudo no amor no mundo e na leitura da escrita cifrada da transcendência, bem como na amplidão daquilo que floresce na razão.

Por isso, tudo o que for dito filosoficamente é tão árido. Pois exige complementação a partir do próprio Ser de quem ouve.

A Filosofia não dá, ela consegue apenas despertar – então, consegue ajudar a lembrar, consolidar e preservar.

Cada um entenderá nela aquilo que, na verdade, já sabia.

5
O imperativo incondicional

No amor, na guerra, na realização de tarefas muito elevadas, agimos sem considerar as consequências, incondicionalmente. Quando alguém age incondicionalmente sua vida não é a instância derradeira por estar subordinada a algo maior.

Quando obedecemos ao imperativo incondicional, o estar-aí acaba se tornando a matéria-prima da ideia, do amor, da lealdade. Ele é inserido em um sentido eterno, praticamente consumido, e não é lançado à deriva no fluxo da vida. É só no limite, em situações excepcionais, que a ativação oriunda do incondicional também poderá levar à perda do estar-aí [Dasein] e à aceitação da morte inevitável, enquanto o condicional em primeiro lugar, a qualquer tempo e a qualquer preço quer ficar no estar-aí [Dasein], quer viver.

Algumas pessoas, por exemplo, empenharam a vida na luta solidária em prol de uma existência coletiva no mundo. A solidariedade estava incondicionalmente à frente da vida por ela condicionada. Originalmente, tais comunidades foram constituídas pela confiança, porém, mais tarde, passaram a se inspirar no comando de uma autoridade aceita por seus membros, de tal modo que a fé nessa autoridade se tornou uma fonte do absoluto. Essa fé os libertou da insegurança e os poupou da necessidade da reflexão. Mas no incondicional dessa figura ocultava-se uma condição secreta terrível: o sucesso da autoridade. O crente queria viver por meio de sua obediência. Se a autoridade não tivesse mais sucesso como referência do poder e, com isso, a fé nela se quebrasse, surgiria um vazio devastador. A saída salvadora desse vazio agora só poderá ser a reivindicação ao próprio indivíduo, para que conquiste a liberdade, o que no fundo é o Ser e o fundamento de suas decisões.

Ao longo da história, esse caminho foi trilhado quando indivíduos arriscaram a vida por terem obedecido ao imperativo incondicional: eles se mantiveram fiéis quando a perfídia aniquilaria tudo, quando a vida salva em meio à perfídia estaria envenenada, quando a traição ao Ser absoluto tornasse infeliz o restante da existência.

A figura mais pura talvez seja Sócrates. Vivendo na clareza de sua razão a partir do Englobante do não conhecimento, ele seguia seu caminho, inabalável, sem se incomodar com as paixões da indignação, do ódio, do autoritarismo do ter-razão; ele não fez nenhuma confissão, não fez uso da possibilidade de fuga e morreu com a mente serena, arriscando-se com base em sua fé.

Houve mártires da mais pura energia moral, fiéis à sua fé, como Tomas Morus. Vários outros são questionáveis. Morrer por algo para comprová-lo traz uma funcionalidade e, com isso, uma impureza para a morte. Quando mártires eram motivados pela ânsia de morrer, por exemplo, numa suposta sucessão de Cristo, por uma ânsia de morte que, não raro, turva a alma por meio de manifestações histéricas, então essa atitude aumenta a impureza.

São raras as figuras filosóficas que, sem um pertencimento essencial a alguma comunidade de fé no mundo, sozinhas diante de Deus, concretizaram o seguinte princípio: filosofar significa aprender a morrer. Sêneca, que durante anos esperou por sua sentença de morte, superou seus sagazes esforços de salvação, de modo que, ao final, ele nem abdicou de si mesmo em atos indignos, nem perdeu a compostura quando Nero exigiu a sua morte. Boécio morreu inocente uma morte sobre ele decretada por um bárbaro: filosofando com a consciência clara, voltado para o verdadeiro Ser. Bruno superou sua hesitação e a sua meia aceitação, tomando a nobre decisão da perseverança inabalável e desprovida de objetivo até ir para a fogueira.

Sêneca, Boécio e Bruno são pessoas com suas fraquezas, seus fracassos, assim como nós. Eles acabaram por ganhar a si mesmos. Portanto, são norteadores importantes também para nós. Pois santos são figuras que só conseguem se sustentar para nós na penumbra ou na luz irreal da visão mítica, mas não se sustentam diante de uma observação realista. A incondicionalidade de que foram capazes homens na sua humanidade nos traz um real encorajamento, enquanto o imaginário só possibilita a edificação ineficaz.

Acabamos de nos lembrar aqui de exemplos históricos do saber-morrer. Tentemos agora elucidar a essência do imperativo incondicional.

Se eu perguntar "O que devo fazer?", receberei uma resposta com indicação de objetivos finitos e seus recursos. Há necessidade de comprar alimento e, para tanto, exige-se trabalho. Eu preciso conviver com pessoas em comunidade: as regras da sagacidade da vida me dão as instruções. A cada vez, um objetivo é a condição para o uso dos recursos correspondentes.

Mas a razão para esses objetivos serem válidos é, por um lado, o interesse no estar-aí [*Daseinsinteresse*] inquestionado; a utilidade. Mas o estar-aí por si só não é um fim último, pois permanece a pergunta: que tipo de estar-aí? – e a pergunta: com que finalidade?

Ou, então, a razão dessa exigência é a autoridade à qual devo obedecer, seja pela ordem de um estranho, "eu quero assim", ou de um "assim está escrito". Mas uma autoridade assim permanece inquestionada e, por isso, não testada.

Todas as exigências deste tipo são condicionais, pois me tornam dependente de um outro, de finalidades do estar-aí ou da autoridade. Exigências incondicionais, por sua vez, têm origem em mim mesmo. Exigências condicionais se me apresentam como uma determinação [*Bestimmtheit*] específica à qual eu posso me ater de fora. Exigências incondicionadas vêm de dentro de mim na medida em que me carregam internamente por meio daquilo que, dentro de mim mesmo, não é apenas eu mesmo.

O imperativo incondicional chega até mim com a exigência que meu verdadeiro Ser faz a meu mero estar-aí. Eu tomo consciência de mim como aquilo que eu mesmo sou, porque devo sê-lo. Esse saber [*innewerden*] está escuro no início e claro ao fim de meu agir. Uma vez que esse saber consciente [*Innewerden*] se completa no incondicional, cessa o questionamento, imbuído da certeza do sentido-do-Ser [*Seinssinn*] – mesmo que, com o passar do tempo, logo ressurgirão as perguntas e em uma situação transformada, a certeza terá que ser reconquistada.

Esse incondicional vem antes de todo utilitário com aquilo que determina as utilidades. Portanto, o incondicional não é aquilo que se quer, mas a fonte do que é querido.

Sendo assim, o incondicional como motivo de meus atos não é coisa do conhecimento, mas conteúdo de uma fé. À medida que reconheço as razões e as finalidades de meus atos, permaneço no finito e condicional. Só quando vivo a partir de um não materialmente justificável, é que viverei a partir do incondicional.

Tangenciaremos o sentido do incondicional a partir de alguns preceitos característicos:

Primeiro: Incondicionalidade não é ser-assim [*Sosein*], mas uma decisão aclarada por uma reflexão oriunda de uma profundidade incompreensível, decisão esta com a qual eu mesmo sou idêntico. O que significa isso?

Incondicionalidade significa participação no Eterno, no Ser. Por isso, é dela que brotam a confiança absoluta e a fidelidade. Ela não é por natureza, mas em virtude daquela decisão. A decisão só é tomada pela claridade que surge na reflexão. Dito de modo psicológico, a incondicionalidade não se encontra no estado momentâneo de uma pessoa. Apesar da energia avassaladora de seu efeito momentâneo, de repente esse ser-assim esmorece, mostrando-se esquecido e não confiável. Essa incondicionalidade também não se encontra no caráter inato, pois este pode mudar em um renascimento. A incondicionalidade também não está naquilo que miticamente chamamos de demônio do homem, pois este é pérfido. Embora sejam poderosíssimas, as formas da paixão, da vontade de estar-aí [*Daseinswille*] e da autoafirmação não são incondicionais no momento; todas são relativas e, portanto, perecíveis.

Sendo assim, a incondicionalidade só é na decisão da existência, que atravessou a reflexão. Isto é: a incondicionalidade não é pelo ser-assim, mas pela liberdade, porém uma liberdade que não sabe ser diferente, não graças às leis da Natureza, mas por sua razão transcendental.

O incondicional decide sobre o que, ao final das contas, repousa a vida de uma pessoa, se tem peso ou se é nula. O incondicional está oculto, só em casos-limite ele conduz o caminho da vida por meio de uma decisão muda; nunca é comprovável, quando, de fato, carrega a todo tempo a vida da existência, sendo iluminável ao infinito.

Assim como as árvores têm raízes profundas quando são altas, a base de quem é plenamente humano está na profundidade do incondicional; o resto é como um arbusto raso, que pode ser arrancado e replantado e que pode ser cultivado em massa, sem ser danificado. Mas essa comparação é inadequada, porque não se entende a base do incondicional como uma intensificação, mas como um salto para outra dimensão.

Segundo: Um segundo preceito para caracterizar o incondicional é o seguinte: o incondicional é realmente apenas na fé a partir da qual é realizado, e para a fé que o enxerga.

O incondicional não pode ser comprovado, não pode ser mostrado no mundo enquanto estar-aí – provas históricas são apenas indícios. O que sabemos é sempre um condicional. Aquilo que nos preenche no incondicional, se mensurado a partir do comprovável, é como se não estivesse aí. Uma incondicionalidade comprovada é apenas uma violência forte, um fanatismo, uma selvageria ou uma loucura. Diante da pergunta que indaga se há incondicionalidade de fato, quem tem o poder geral de convencimento no mundo é a reflexão cética.

Por exemplo: é questionável se existe amor no sentido do incondicional, enraizado no fundamento eterno e não apenas propensão humana e arrebatamento, costume e fidelidade contratual. É contestável a ideia de ser possível uma verdadeira comunicação na emulação amorosa. Aquilo que é demonstrável justamente por sê-lo não é incondicional.

Terceiro: Um terceiro preceito diz o seguinte: o incondicional é atemporal no tempo.

A incondicionalidade do homem não lhe é dada como o seu estar-aí. Ela cresce com o tempo dentro dele. Somente quando o ser-humano conquista a si mesmo e caminha inabalavelmente para o lugar de sua decisão é que o incondicional se efetiva.

Firmeza de propósito, obstinação abstrata, a mera perseverança do indivíduo não são sinais convincentes de que ele vive pelo imperativo incondicional.

Em nossa existência temporal, a atitude incondicional é manifestada a partir das experiências de situações limítrofes e quando corremos o risco de nos tornar infiéis a nós mesmos.

Mas o próprio incondicional não se torna totalmente temporal. Onde quer que ele esteja, estará enviesado em relação ao tempo. E onde for adquirido, como eternidade da essência, será genuíno a cada novo momento, como se renascesse sempre. Por isso, quando o desenvolvimento temporal parecer levar a uma posse, por um instante, ainda há a possibilidade de tudo ser revelado novamente. Mas quando, ao contrário, o passado do homem parecer um peso para ele, como um mero ser-assim em meio a incontáveis condições que o conduzam ao ponto da aniquilação, ele ainda pode, a qualquer momento, começar de novo, à medida que, repentinamente, perceba o incondicional.

O sentido da incondicionalidade foi tangenciado com essas reflexões, mas não tocou no cerne da questão. Este apenas se revela a partir da oposição entre Bem e Mal.

No incondicional, realizou-se uma escolha. Uma decisão transformou-se em substância do homem. Ao decidir entre Bem e Mal, ele escolheu o que entende como sendo o Bem.

Diferenciamos Bem e Mal em três níveis:

Primeiro: é considerada como má a entrega incondicional e ilimitada a pendores e motivações sensuais, ao prazer e à felicidade deste mundo, ao estar-aí como tal, em resumo: má é a vida do homem que permanece no condicional e que, portanto, apenas transcorre como a vida dos animais, exitosa ou fracassada, na inquietude do tornar-se diferente, e que não é decidida.

Por outro lado, é boa a vida que não descarta aquela felicidade do estar-aí, mas que a coloca sob a condição do moralmente válido. Este moralmente válido é entendido como lei geral do agir moralmente correto. Esta validação é o incondicional.

Segundo: Diante da mera fraqueza que sucumbe às inclinações, o que vale como realmente má é a perversão, tal como Kant a concebia, de que eu só faço o Bem quando não me traz prejuízo ou não me custa demais; ou dito de forma abstrata: que o incondicional da exigência moral tenha sido querido, mas que na obediência à Lei do Bem só tenha sido seguido até o ponto em que seja possível sob a condição de uma satisfação ininterrupta das necessidades sensuais de felicidade; é apenas sob esta condição não incondicional que quero ser bom. Essa aparente bondade é, digamos, um luxo de circunstâncias felizes, em que posso me dar a esse luxo de ser bom. Em caso de conflito entre a exigência moral e o meu interesse no estar-aí, dependendo do tamanho desse interesse, inconfessadamente talvez eu esteja disposto a todo e qualquer ato condenável. Para não morrer, cometo assassinatos a um comando. Pelo benefício da minha situação favorável, que me poupa do conflito, eu me deixo enganar sobre o meu ser-mau.

Em contrapartida, bom é tirar-se dessa inversão da relação condicionante, que consiste na submissão do incondicional às condições da felicidade do estar-aí [*Daseinsglück*] e, assim, o retorno à verdadeira incondicionalidade.

Terceiro: É considerada má inicialmente a vontade do Mal, ou seja, a vontade de destruição como tal, o ímpeto de tortura, de crueldade, de aniquilação, a vontade niilista de desgraçar tudo o que é e que tem valor. Por sua vez, bom é o incondicional, que é o amor e, por conseguinte, a vontade de realidade.

Combinemos agora os três níveis:

No primeiro nível, a relação entre Bem e Mal é moral: o controle dos ímpetos imediatos pela vontade, que segue as leis morais. Temos aqui – nas palavras de Kant – o dever contra o ímpeto.

No segundo nível, a relação é ética: a veracidade dos motivos. Temos a pureza do incondicional contra a impureza da perversão da relação condicionante, em que, na prática, o incondicional se torna dependente do condicional.

No terceiro nível, a relação é metafísica: a essência dos motivos. Temos aqui o amor contra o ódio. O amor impele para o Ser, o ódio para o Não-Ser. O amor viceja a partir da ligação com a transcendência, o ódio se rebaixa ao ponto egoísta ao se distanciar da transcendência. O amor age como construção silenciosa no mundo, e o ódio como construção ruidosa, como catástrofe que extingue o Ser no estar-aí e como aniquilador do próprio estar-aí.

A cada vez, evidencia-se uma alternativa e, com isso, a exigência da decisão. O ser-humano só pode querer uma coisa ou outra quando se torna essencial. Ele segue o ímpeto ou o dever, ele estará na perversão ou na pureza de seus objetivos, ele vive do ódio ou do amor. Mas ele pode suspender a decisão. Em vez de decidir, oscilamos e cambaleamos pela vida, juntamos uma coisa com a outra, reconhecendo isso até como contradição necessária. Essa indecisão em si já é má. O homem só desperta quando distingue entre Bem e Mal. Ele se torna ele mesmo quando é firme em seus atos, sabendo para onde quer ir. Nós todos constantemente precisamos nos reconquistar de novo, saindo da indecisão. Somos tão pouco capazes de nos aperfeiçoar na direção do Bem, que até mesmo a força dos nossos ímpetos arrebatadores no estar-aí é imprescindível para a claridade do dever; que, quando realmente amamos, não conseguimos evitar que odiemos justamente aquilo que ameaça o que é amado e que entramos na perversão da impureza justamente quando julgamos como certa a pureza dos nossos motivos.

Em cada um dos três níveis, a decisão tem a sua própria característica. Moralmente, o homem acredita justificar, pensando, a sua decisão como a correta. Eticamente, ele se recompõe a partir da inversão pelo renascimento de sua boa vontade. Metafisicamente, ele se conscientiza de ter-se dado a si mesmo de presente em sua capacidade de amar. Ele escolhe o correto, torna-se verdadeiro em seus motivos e vive a partir do amor. É só na unidade dessa tríplice estrutura que ocorre a realização do incondicional.

Viver do amor parece incluir todo o resto. O amor verdadeiro, ao mesmo tempo, assegura a verdade moral de seus atos. Por isso, disse Santo Agostinho: Ama e faz o que quiseres. Mas para nós, humanos, é impossível viver, por exemplo, apenas de amor, essa força do terceiro nível; pois, a todo instante, resvalamos em desvios e confusões. Portanto, não devemos confiar cegamente e a todo instante em nosso amor, mas precisamos iluminá-lo. E é por isso que para nós, seres finitos que somos, continua imperiosa a disciplina da coerção com que domamos as nossas paixões, imperiosa a desconfiança contra nós mesmos por causa da impureza de nossos motivos. É justamente quando nos sentimos seguros que nos perdemos.

É só a incondicionalidade do Bem que preenche os meros deveres com conteúdo, é só ela que pode purificar os motivos morais e que consegue dissolver a vontade de aniquilação do ódio.

Mas o motivo do amor no qual se funda o incondicional é unificado, de fato, com a vontade da verdade. Aquilo que amo, eu quero que seja. E não consigo ver aquilo que, realmente é, sem amar.

6
O ser-humano

O que é o ser-humano? Ele é pesquisado como corpo pela Fisiologia, como alma pela Psicologia, como ser comunitário pela Sociologia. Sabemos dele como natureza, que investigamos tal como fazemos em relação à natureza de outros seres vivos, e como história, que reconhecemos pela filtragem crítica da tradição, pela compreensão do sentido intencionado pelo homem em seus atos e pensamentos, e pela explicação dos acontecimentos a partir de motivos, situações, realidades da Natureza. Nossa pesquisa do ser-humano trouxe muitos conhecimentos, mas não o conhecimento do ser-humano em sua totalidade.

Fica a questão sobre se o ser-humano pode ser compreendido exaustivamente naquilo que dele é cognoscível. Ou se, para além disso, ele é algo, a saber: a liberdade, que se esquiva de todo conhecimento material, mas que para ele é material presente [*gegenwärtig*] como possibilidade inescapável.

De fato, o ser-humano é acessível a si próprio duplamente: como objeto de pesquisa e como existência da liberdade, inacessível a toda e qualquer pesquisa. Em um dos casos, falamos do ser-humano como concretude [*gegenstand*] e no outro, do imaterial que é o que ele é, e que ele compreende quando, de fato, toma consciência de si. Não conseguimos esgotar o que é o ser-humano pelo ser-sabido dele, mas apenas podemos vivenciá-lo na origem de nosso pensar e agir. Basicamente, somos mais do que conseguimos saber sobre nós mesmos.

Temos consciência da nossa liberdade quando reconhecemos reivindicações dirigidas a nós mesmos. Cabe a nós decidir se as aceitamos ou as evitamos. Realmente é inegável que decidimos algo que, fazendo isso, decidimos sobre nós mesmos e que somos responsáveis.

Quem, por exemplo, tentar negar isso também não poderá fazer exigências a outras pessoas, se quiser ser coerente. Quando um réu justificou sua inocência no tribunal, alegando que nascera daquele jeito e não tinha como mudar e, por isso, seria inimputável, o juiz bem-humorado respondeu: "Isto está correto" e se aplica também à concepção da ação do juiz que o pune: "Pois ele também não tinha como mudar, uma vez que era daquele jeito e necessariamente se via obrigado a agir de acordo com as leis vigentes".

Quando estamos seguros de nossa liberdade, logo damos um segundo passo para a nossa autopercepção [*Selbsterfassung*]: o homem é o ser relacionado a Deus. O que significa isso?

Não criamos a nós mesmos. Cada um pode pensar em relação a si próprio que seria possível o fato de não ser. Temos isso em comum com os animais. Mas, adicionalmente, estamos em nossa liberdade, em que decidimos por nós mesmos e não estamos submetidos automaticamente a uma lei da Natureza, não por nós mesmos, mas somos dados de presente a nós mesmos em nossa liberdade. Se não amamos, não temos como saber o que devemos fazer, não podemos forçar a nossa liberdade. Se decidimos livremente e, preenchidos de sentido, tomamos nas mãos a nossa vida, estamos conscientes de que não somos graças a nós mesmos. No auge da liberdade, quando os nossos atos parecem necessários, não por uma coação externa dos acontecimentos incontornáveis que seguem as leis da Natureza, mas como anuência interior de um não-querer-nada-diferente, então em nossa liberdade estaremos conscientes como tendo sido dados pela transcendência. Quanto mais livre de fato for o homem, mais certeza terá de Deus. Onde sou livre de fato, tenho a certeza de que não o sou por mim mesmo.

Nós, humanos, nunca somos suficientemente nós mesmos. Sempre insistimos em superarmos a nós mesmos e crescemos mesmo com a profundidade de nossa consciência de Deus, pela qual ao mesmo tempo nos tornamos transparentes para nós mesmos em nossa nulidade.

A ligação do homem com Deus não é uma propriedade dada pela Natureza. Por ser ela apenas em união com a liberdade, sua luz irá se manifestar somente a cada um quando executar o salto a partir de sua mera afirmação vital do estar-aí para si mesmo, ou seja, saltando para o lugar em que, verdadeiramente livre do mundo, só agora se torna completamente aberto para o mundo, onde ele pode ser independente do mundo, porque vive atrelado a Deus. Deus é para mim na medida em que eu existo de fato.

Repito mais uma vez: enquanto estar-aí no mundo, o homem é uma matéria cognoscível. Nas teorias raciais, por exemplo, ele é concebido em espécies peculiares; na Psicanálise, em seu inconsciente e seus efeitos; no Marxismo, é concebido como ser vivo que produz por meio do trabalho e que por sua produção conquista o domínio da Natureza e a comunidade, ambos de forma supostamente aperfeiçoável. Mas todos esses caminhos do conhecimento compreendem algo do homem, algo que acontece no agir, mas nunca no homem como um todo. À medida que essas teorias da pesquisa se intensificam, culminando no conhecimento absoluto do homem como um todo – e todas elas fizeram isso – elas, na verdade, perdem de vista o homem de fato, e, para aqueles que creem nessas teorias, levam a consciência do homem e por fim a própria humanidade ao limite da extinção – o ser-humano que é liberdade e ligação com Deus.

É de sumo interesse acompanhar os conhecimentos sobre o homem e isso vale a pena, se for feito a partir de crítica científica. Porque então se saberá metodologicamente o que, como e com que limitações nós sabemos algo e como é pouco quando comparado com a totalidade do possível, e quão radicalmente inacessível ao conhecimento é o ser-humano de fato. Assim se afastam os riscos que brotam do ocultamento do homem pelo conhecimento apenas aparente.

Conhecendo os limites do conhecimento, confiamos com clareza ainda maior na liderança, que encontramos para a nossa liberdade por meio da própria liberdade, quando relacionada a Deus.

Esta é a grande questão do ser-humano, saber de onde ele tem a sua liderança. Pois uma coisa é certa: sua vida não transcorre como a dos animais, na sequência das gerações, apenas em repetições iguais de acordo com as leis da Natureza, mas é a liberdade do homem que, ao mesmo tempo e na insegurança de seu Ser, abre-lhe as oportunidades de ainda se tornar aquilo que ele pode ser de fato. É dado ao ser-humano em liberdade lidar com o seu estar-aí como lida com um material. É só a partir daí que ele tem história, ou seja, ele vive a partir da tradição, em vez de viver apenas a partir de sua herança biológica. O estar-aí não transcorre apenas como fenômenos da Natureza. Mas a sua liberdade clama por liderança.

Não discutiremos aqui o fato de a liderança ser substituída por uma violência de homens contra homens. Indagamos sobre a última condução humana. A tese da fé filosófica é a seguinte: o ser-humano consegue viver sob a condução de Deus. Será preciso explicar o que isso significa.

Acreditamos sentir a condução de Deus no incondicional. Mas como isso é possível, se Deus não é físico, nunca está aí, evidente, como o próprio Deus? Se é verdade que Ele conduz, de que forma ouvimos o que Deus quer? Há um encontro do ser-humano com Deus? E como se dá esse encontro?

Em descrições autobiográficas, lemos relatos sobre como em questões decisivas do trajeto de vida e após longos períodos de dúvida, repentinamente se instaura um ter-certeza [Gewissein]. Essa certeza após uma longa oscilação é a liberdade do poder--agir. Mas quanto mais firme a pessoa se souber livre na clareza dessa certeza, mais clara ficará para ela também a transcendência, pela qual é.

Kierkegaard fazia a sua autorreflexão todos os dias em relação à condução de Deus, e o fazia de tal maneira que sabia estar constantemente nas mãos de Deus: pelo que havia feito e pelo que lhe havia acontecido no mundo, ele ouviu Deus e ainda vivenciou o que ouviu em seus múltiplos sentidos. Não era uma condução em termos de concretude ou um comando unívoco o que o guiava, mas a condução pela liberdade, que se sabe firme, por estar atrelada à base transcendente.

A condução pela transcendência é diferente de toda e qualquer condução no mundo, pois há apenas uma forma de condução por Deus. Ela ocorre no caminho que passa pela própria liberdade.

A voz de Deus está naquilo que se revela a cada homem em autoassertividade, se estiver aberto a tudo o que se lhe apresenta em termos de tradição e meio ambiente.

O homem é conduzido por meio de seu juízo sobre sua própria atividade. Esse juízo trava ou motiva, corrige ou confirma. A voz de Deus como juízo sobre o fazer humano não tem outra forma de se expressar no tempo senão neste juízo do homem sobre os seus sentimentos, suas motivações, suas ações. Na forma livre e honesta da autopercepção julgadora, da autoacusação e na autoafirmação, indiretamente o ser-humano jamais encontra em definitivo a sentença de Deus, e ainda assim sempre a encontra dúbia.

Por isso, o juízo humano desde o início está enganado [*ist i Irrtum*], quando acreditamos encontrar nele a própria voz de Deus definitivamente, ou acreditamos poder confiar em nós nesse juízo. Implacáveis, temos que vislumbrar a nossa autonomia já na autossatisfação de nosso agir moral e até de nossa suposta razão correta.

De fato, o ser-humano nunca pode estar satisfeito consigo como um todo e de forma definitiva; no juízo sobre si, não pode apoiar-se em si apenas. Mas ele exige necessariamente um juízo de seus congêneres sobre o seu agir. Nesse contexto, é sensível em relação à posição das pessoas cujo juízo ele vivencia. É menos afetado pelo que pensa a média das pessoas e a massa, e pelo que dizem os desagregados e as instituições negligenciadas; isso também não lhe é indiferente. Mas o juízo decisivo, ao final, também não é aquele das pessoas que são essenciais para ele, apesar de ser este o único acessível no mundo; decisivo seria o juízo de Deus.

A autonomia plena do indivíduo no juízo sobre si, de fato, dificilmente foi real. Sempre é essencial para ele o juízo do outro. Assim, a postura heroica dos povos primitivos, que caminham inabaláveis e valentes para a morte, continua viva no olhar sobre os outros: que a sua fama seja imortal é o consolo dos heróis moribundos da Edda[2].

Diferente do heroísmo individual de fato, que não se apoia nem na comunidade, nem visa à fama póstuma. Esse autêntico contar-consigo-mesmo talvez seja sustentado pela harmonia de um ser de índole feliz consigo mesmo e talvez inconscientemente se alimente ainda de uma substância de tradição histórica como comunidade relembrada, mas que não encontra no mundo atual nada em que a sua consciência possa se ancorar. Mas, quando esse heroísmo não sucumbe no Nada, ele aponta para um vínculo profundo naquilo que, de fato, é, e que justamente, em vez do juízo humano, seria o juízo de Deus.

Se a verdade do juízo dominante se mostrar apenas por meio da autoconvicção, isso se dará de duas formas: como *imperativo universal* e como *reivindicação histórica*.

Os imperativos éticos universais são convincentes para o entendimento. Desde os Dez Mandamentos, eles são uma forma da presença de Deus. Esses imperativos podem ser reconhecidos e seguidos sem fé em Deus, limitando-se estritamente àquilo que o homem pode fazer por motivação própria. Mas a obediência engajada ao Mandamento ético recebido livremente costuma estar associada à escuta da transcendência justamente nessa liberdade.

Mas não se pode deduzir satisfatoriamente a ação na situação concreta a partir do mandamento e da proibição gerais. É na respectiva situação histórica daquele momento que estará a condução pelo imperativo incondicional e não deduzível do ter-que-fazer--assim. O que o indivíduo acredita ouvir como aquilo que ele deve

---

2. Edda – poemas narrativos sobre os feitos dos deuses e heróis da mitologia nórdica, transmitidos oralmente na Antiguidade.

fazer, apesar de toda certeza permanece questionável. Na essência dessa escuta da condução de Deus encontra-se o risco do erro; por isso, o comedimento. Esse exclui a segurança na certeza, proíbe a generalização do próprio agir como exigência para todos e rejeita o fanatismo. Até mesmo a mais pura clareza do caminho, tal como é vista sob a condução de Deus, não pode, portanto, conduzir à autoconfiança de que o caminho seja o único verdadeiro para todos.

Porque na sequência tudo ainda pode ter uma aparência diferente. Na lucidez pode-se trilhar um caminho errático. Mesmo na certeza da decisão, desde que ela apareça no mundo, precisa restar certo elemento de suspensão, pois a presunção do absolutamente verdadeiro é, na verdade, o perigo aniquilador para a verdade no mundo. Na certeza momentânea, a humildade da pergunta em aberto é imprescindível.

Apenas em retrospecto somos plenamente tomados pelo espanto de uma condução incompreensível. Mas mesmo nessa circunstância não existem garantias, pois a orientação de Deus não pode ser transformada em posse.

Do ponto de vista psicológico, a voz de Deus só é perceptível em momentos elevados. É vindo desses momentos e indo em direção a eles que vivemos.

Mesmo na aridez da abstração, nosso relacionamento com a transcendência pode chegar a uma gravidade crucial. Mas, como somos pessoas no mundo, procuramos apoio para nossas certezas no que é nítido. A maior nitidez que podemos alcançar neste mundo está na comunicação entre pessoa e pessoa. Assim sendo, nosso relacionamento com o transcendente, se podemos falar por meio de paradoxos, se torna sensivelmente presente em nosso encontro com o Deus personalizado. A divindade é atraída para nós no seu aspecto de personalidade, enquanto nós nos elevamos ao nível de seres capazes de falar com Deus.

No mundo, as potências que querem nos dominar são as que nos jogam no chão: o medo do futuro, o apego medroso às posses presentes, a preocupação diante das possibilidades terríveis. Enfrentando-as, talvez possamos, diante da morte, ganhar a confiança que irá nos capacitar, mesmo nas situações mais extremas, inexplicáveis, sem sentido, a nos capacitar para morrermos em paz. A confiança na razão do Ser pode se expressar como agradecimento desinteressado, como paz, na fé no Ser de Deus.

Na vida, a nossa liberdade se sente como se experimentássemos ajuda de lá.

Tanto o ajudante quanto o opositor enxergam o politeísmo em deuses e demônios. "Foi um Deus quem fez", é a consciência diante dos acontecimentos e diante dos próprios atos; essa consciência os eleva e sacraliza, mas também permite que se dispersem em meio à variedade das possibilidades vitais e espirituais de estar-aí.

A ajuda de Deus, por sua vez, dentro do ser-eu-mesmo [*Selbstsein*], que se sabe radicalmente dependente dela, é a ajuda do Único. Se Deus é, não há demônios.

Essa ajuda de Deus muitas vezes é inserida em um determinado sentido que é falho. É o que ocorre quando a oração – como encontro com o Deus invisível – é desviada da contemplação mais silenciosa, em processo de emudecimento, passando pela paixão da busca pela mão do Deus pessoal, até a invocação desse Deus para os fins do desejo-de-estar-aí.

Ao ser-humano para quem a vida se tornou transparente, Deus envia todas as possibilidades, inclusive as situações de aniquilação desesperançada. Então, cada situação será uma tarefa para a liberdade do homem que nela se levanta, cresce e cai. No entanto, a tarefa não é definível de maneira satisfatória como objetivo imanente de felicidade, mas apenas ficará clara pela transcendência, essa única verdade, e da incondicionalidade do amor que se revela nela, que, a partir de sua razão, vê de forma infinitamente aberta o que é, sendo capaz de ler as cifras da transcendência nas realidades do mundo.

Os sacerdotes bem que levantam a crítica à autonomia soberba do indivíduo que, filosofando, se refere a Deus. Eles exigem obediência ao Deus revelado. A eles há que se responder: o indivíduo filosofante crê quando decide em seu fundo obedecer a Deus, sem saber com garantia objetiva o que Deus quer, sendo mesmo um constante risco. Deus age por decisões livres dos indivíduos.

Os sacerdotes confundem obediência a Deus com obediência às instâncias objetivas das igrejas existentes no mundo, aos livros e às leis, tidos como a revelação direta.

Por fim, é verdade que uma real coincidência entre a obediência a instâncias objetivas no mundo e a vontade de Deus experimentada genuinamente é possível. Mas essa coincidência precisa ser conquistada.

Aqueles que invocam a vontade de Deus tal como é experimentada pelo indivíduo em oposição às autoridades objetivas são enganados em uma rejeição arbitrária e sua experiência será testada no contexto da coletividade. Mas, se, ao contrário, a instância objetiva for contraposta ao desejo de Deus vivenciado pelo indivíduo, a tentação de desviar do risco de obedecer a Deus também a será diante das instâncias objetivas na escuta do desejo Dele a partir da própria realidade. Existe uma perplexidade ao se buscar apoio nas leis e ordens confiáveis de uma autoridade. Mas há, por sua vez, a energia edificante [*aufschwingend*] da responsabilidade do indivíduo na escuta a partir da totalidade da realidade. A posição [*Rang*] do ser-humano está na profundidade de onde conquista sua liderança nessa escuta.

Ser-humano é tornar-se-humano.

7
O mundo

Chamamos de realidade aquilo que vemos presente na prática, aquilo que, ao lidarmos com as coisas, com o que é vivo e com as pessoas, é resistência ou se transforma em matéria. Travamos conhecimento com a realidade no trato cotidiano, na habilidade da manufatura, na instalação técnica, ao lidarmos com pessoas conforme aprendemos, além da organização e administração metódicas.

O que encontramos na prática é esclarecido pelo conhecimento científico, sendo colocado à disposição novamente pela realidade como saber, para uma nova prática.

Mas a ciência da realidade logo de início vai além dos interesses diretos do estar-aí. Ela tem apenas como uma de suas origens a prática, que sempre é também luta, essa experiência de dominar as contradições. O homem quer saber o que realmente é, independente de todo e qualquer interesse prático. Uma origem mais profunda das ciências é a contemplação pura e devotada, o aprofundar-se visionário, a escuta das respostas do mundo. O conhecimento se torna científico por meio do método, uma unidade sistemática é obtida no que se conhece; o cientista enxerga para além do múltiplo disperso, chegando a princípios unificadores.

Esse saber da realidade parece se fechar na imagem do mundo. Toda a realidade deverá saltar aos olhos como um mundo único, autorreferente em todo lugar, como a totalidade do mundo na imagem do mundo. Mesmo que isso seja sempre incompleto e sujeito a correções, podemos ser levados a crer que seja sempre o resultado do conhecimento e que, em princípio, seja alcançável como a forma pela qual o Ser é acessível enquanto realidade como um todo. A imagem do mundo deverá englobar a totalidade do conhecimento coeso. Imagens do mundo estavam no início do conhecimento humano; e o que conhece quer sempre uma imagem do mundo para se assegurar da totalidade em si.

Agora é curioso e terá consequências [*folgenreich*] o fato de que a busca por uma imagem de mundo englobante, em que o mundo se torna um todo e se encerra em si, que esse desejo tão óbvio por uma visão de mundo total se firme em um erro fundamental, que se tornou totalmente evidente apenas em tempos recentes.

Pois a ciência crítica ensina em seu desenvolvimento que até então não apenas toda e qualquer imagem do mundo ruiu por ser equivocada, mas que as unidades sistemáticas do conhecimento, que, de fato, são tarefa das ciências, tornam-se frequente e fundamentalmente distintas em sua raiz. Isso fica mais claro quanto mais frutífero for o conhecimento. Enquanto as unidades vão se tornando mais universais – principalmente na Física – evidenciam-se de forma mais decisiva os saltos entre as unidades, entre o mundo físico, o mundo da vida, o mundo da alma, o mundo do espírito. É bem verdade que esses mundos estão inter-relacionados. Eles são organizados em uma sequência de níveis, sendo que a realidade do nível posterior pressupõe o nível anterior para o seu estar-aí, enquanto a realidade das anteriores parece conseguir manter-se sem os níveis posteriores, por exemplo: não há vida sem matéria, mas há matéria sem vida. Foram feitas tentativas inócuas de deduzir as etapas posteriores a partir das anteriores, sendo que a cada vez ficava ainda mais evidente o salto ao final. Aquela totalidade do mundo, da qual fazem parte todas as unidades pesquisáveis do ponto de vista do conhecimento, não é, ela mesma, uma unidade que possa ser submetida a uma teoria englobante, que possa iluminar a pesquisa como ideia. Não há imagem do mundo, apenas uma sistemática das ciências.

Imagens do mundo são sempre mundos particulares de conhecimento, que erroneamente foram *absolutizados*, considerados como o próprio ser-do-mundo. A partir de várias ideias de pesquisa de base é que vicejam perspectivas específicas em cada caso. Cada imagem do mundo é um recorte do mundo; o mundo não se torna imagem. A "imagem científica do mundo", diferente da mítica, sempre foi, ela mesma, uma nova imagem mítica do mundo com recursos científicos e de teor parco e mítico.

O mundo não é um objeto material. Sempre estamos no mundo, temos objetos materiais nele, mas nunca o temos como objeto material. Por mais amplos que sejam os nossos horizontes metodológicos e analíticos, uma vez que [*zumal*] na imagem astronômica da poeira estelar, onde a nossa Via Láctea com seus bilhões de sóis é apenas uma entre milhões, e na imagem matemática da matéria universal – o que quer que vejamos aqui são aspectos das manifestações; não é a base das coisas, não é o mundo como um todo.

O mundo é incompleto. Ele não é explicável a partir de si mesmo, mas é nele que se explica uma coisa a partir da outra até o infinito. Ninguém sabe que limites uma pesquisa futura irá encontrar nem que abismos irão se abrir para ela.

A recusa de uma imagem do mundo já é uma exigência da crítica científica, além de ser pressuposto do conhecimento filosófico do Ser [*Seinsinnewerden*]. É fato que o pressuposto da consciência filosófica do Ser é travar conhecimento com todas as vertentes da pesquisa científica sobre o mundo. Mas o sentido oculto do conhecimento científico do mundo parece ser, de fato, chegar a um limite na pesquisa, onde se abre um espaço do desconhecimento para o conhecimento mais iluminado. Pois apenas o conhecimento completo pode provocar o verdadeiro não conhecimento. É então que se mostrará o que de fato é, no lugar de uma imagem sabida do mundo, muito mais no não conhecimento [*Nichtwissen*] pleno, e apenas por este caminho do conhecimento científico, não sem ele, e não antes dele. A paixão do conhecimento, por meio de sua potência máxima, é chegar justamente onde o conhecimento fracassa. No não conhecimento; mas apenas no não conhecimento pleno, adquirido, repousa uma fonte insubstituível de nossa consciência-do-ser.

Buscaremos esclarecer o que é a realidade do mundo por outra via. O conhecimento com métodos científicos pode ser resumido em uma frase de ordem geral: Todo conhecimento é *interpretação*. O procedimento usado na compreensão de textos é uma analogia para toda concepção do Ser. Essa analogia não se dá ao acaso.

Pois todo Ser só o temos no significar. Quando o verbalizamos, o temos no significado do verbalizado; e só o que se acertou na linguagem foi compreendido no nível da cognoscibilidade. Mas, mesmo antes de nossa fala, existe na linguagem da interação prática com as coisas, há Ser para nós no significar; mas em cada caso é determinado apenas à medida que aponta para outras coisas. Ser está, para nós, no contexto de seu significar. Ser e saber do Ser, o-que-é [*das Seiende*] e a nossa linguagem do-que--é, portanto, todos são uma trama de significar variado. Para nós, todo Ser é ser-interpretado [*Ausgelegtsein*].

Significar encerra em si a separação de algo que é daquilo que significa, como o significado separado do signo. Quando o Ser for entendido como ser-interpretado, parece lógico haver também a seguinte separação: interpretação interpreta algo; diante da nossa interpretação está o interpretado, o próprio Ser. Mas essa separação não funciona, pois para nós não fica nada de permanente ou cognoscível, que seria apenas interpretado e não fosse por si só já a interpretação. O que quer que saibamos é apenas um cone de luz do nosso interpretar lançado sobre o Ser ou o aproveitar de uma possibilidade de interpretação. O Ser como um todo precisa ser constituído de tal modo que possibilite para nós todas essas interpretações em direção ao imprevisível.

Mas a interpretação não é arbitrária. Ela é a correta em uma característica objetiva. O Ser força essas interpretações. Todas as formas de ser para nós são formas do significar, mas também formas do significar necessário. Por isso, a doutrina das categorias como a doutrina das estruturas do Ser desenvolve os modos de ser como modos de significado, por exemplo como categorias do "material" [*des Gegenständlichen*] na identidade, no relacionamento, na causa e no efeito ou como liberdade ou ainda como expressão etc.

Todo Ser em seu significar é, para nós, como um espelhamento que se expande para todos os lados.

Também os modos da realidade são modos do ser-interpretado. Interpretação quer dizer que o interpretado não é a realidade do Ser em si mesmo, mas um modo que apresenta o Ser. Não se pode acertar a realidade diretamente por uma interpretação. É sempre um desvio do nosso conhecimento quando o conteúdo de uma interpretação é considerado a própria realidade.

Podemos expressar o caráter da realidade do mundo fundamentalmente como a *manifestabilidade* [*Erscheinungshaftigkeit*] do estar-aí. O que abordamos até aqui: o flutuante de todos os modos da realidade, a característica das imagens do mundo como perspectivas apenas relativas, a característica do conhecimento como interpretação, o estar-dado do Ser para nós na cisão sujeito-objeto. Esses fundamentos do conhecimento possível para nós significam: todas as matérias são apenas manifestações; nenhum Ser conhecido é o Ser em si e no todo. A manifestabilidade do estar-aí foi esclarecida plenamente por Kant. Mesmo não sendo obrigatória, por não ser, ela mesmo, perceptível concretamente [*gegenständlich*], mas apenas em transcendência, uma razão que tem a capacidade de transcender não pode furtar-se a ela. Mas então ela não acrescenta um conhecimento novo e individual ao conhecimento já existente, mas provoca um solavanco da consciência-do-ser como um todo. Por isso, a luz repentina, mas depois cativa, que desabrocha no pensamento filosófico do ser-do-mundo [*Weltsein*]. Faltando essa luz, as frases permanecerão incompreendidas em seu fundamento, pois não foram executadas.

Não são apenas as imagens absolutas do mundo que se perdem. O mundo está sem fechamento [*ungeschlossen*] e esfacelado para o conhecimento em perspectivas, pois não pode ser reunido em um único princípio. O ser-do-mundo como um todo não é matéria do conhecimento.

Aprofundamos a nossa certeza do ser-do-mundo em relação à nossa certeza anterior de Deus e da existência na seguinte proposição: A realidade no mundo tem *um estar-aí esmaecendo entre Deus e a existência*.

O cotidiano parece nos ensinar o contrário: para nós humanos, o mundo ou algo no mundo é considerado absoluto. E, seguindo Lutero, podemos dizer do homem que transformou tanta coisa no conteúdo último de seu ser: aquilo que segues, em que apostas, é isso o teu Deus de fato. O ser-humano só consegue tomar algo como absoluto, quer ele queira ou saiba, ou não, quer ele faça ao acaso e ocasionalmente ou de forma decidida e continuada. Para ele, há o que chamamos de local do Absoluto. Esse local é incontornável para ele e precisa preenchê-lo.

A história dos milênios mostra-nos manifestações maravilhosas de indivíduos que superaram o mundo. Ascetas indianos – e monges individuais na China e no Ocidente – abandonaram as coisas materiais para conhecer o Absoluto em meditação sem mundo. O mundo como que desapareceu, e o Ser – visto pelo ângulo do mundo, o Nada – era tudo.

Místicos chineses libertaram-se do anseio permanente da vida chegando à pura contemplação, em que todo o estar-aí se tornava linguagem, transparente, manifestação evanescente do eterno e infinita onipresença de sua lei. Para eles, o tempo se apagava na eternidade transitando para a presencialidade da linguagem do mundo.

Pesquisadores ocidentais, filósofos, poetas, e alguns homens de ação andavam pela Terra como se, por mais apego que tivessem a ela, constantemente viessem de fora. Vindos de uma pátria distante, encontraram a si e as coisas no mundo e, em íntima proximidade a elas, transcenderam a manifestação temporal em benefício de sua lembrança do eterno.

Atrelados que estamos ao mundo, nós, que não encontramos aquele chão no Ser com a certeza indubitável da prática de vida e do conhecimento, tendemos à avaliação do mundo:

Em situações felizes, somos seduzidos pela magia da realização profana a vislumbrar o mundo como uma harmonia do Ser. Contra isso indignam-se a experiência da desgraça terrível e o desespero que encara essa realidade. Sua teimosia contrapõe o niilismo à harmonia do Ser na seguinte proposição: tudo é sem sentido.

A veracidade imparcial precisa reconhecer a inverdade tanto da harmonia do Ser quanto do conflito niilista. Em ambos há um juízo total, e todo juízo total sobre o mundo e as coisas baseia-se em conhecimento inadequado. No entanto, contra a fixação dos juízos extremos foi dada a nós, humanos, a incumbência de estarmos preparados para sondar, incessantemente, os acontecimentos, o destino e os próprios feitos no decurso temporal da vida. Tal disponibilidade encerra em si duas experiências fundamentais:

Primeiro, a experiência da transcendência absoluta de Deus em relação ao mundo: o Deus oculto fica cada vez mais distante quando quero abarcá-lo e compreendê-lo em sua totalidade para sempre; Ele está incalculavelmente perto por intermédio da figura absolutamente histórica de sua linguagem em uma situação que é, a cada vez, singular.

Segundo, a experiência da linguagem de Deus no mundo: o ser-do-mundo não é em si mesmo, mas, nele, Deus se pronuncia, sempre com múltiplos significados, e esse discurso só pode se tornar claro historicamente no instante existencial e não pode ser generalizado.

Mas não vivenciamos o Ser eterno fora daquilo que se torna manifestação real para nós. Mas porque o que é para nós precisa se manifestar na temporalidade do ser-do-mundo, não há um conhecimento direto de Deus e da existência. Aqui há apenas a fé.

Os princípios da fé — Deus é; há o imperativo incondicional; o homem é finito e inacabável [*unvollendbar*]; o homem pode viver conduzido por Deus — deixam que se torne perceptível a sua verdade apenas à medida que ecoe neles a sua realização no mundo como linguagem de Deus. Se porventura Deus, contornando o mundo, se aproximasse diretamente da existência, então o que acontece é incomunicável. Toda a verdade dos princípios gerais se expressa em uma configuração da tradição e da particularidade adquirida na vida; a consciência individual acordou para a verdade nestas configurações; os pais assim o disseram. Uma profundidade histórica infinita da origem fala de fórmulas: "pelo amor de seu nome sagrado...", "imortalidade...", "amor...".

Quanto mais gerais os princípios da fé, menos históricos eles serão. Eles reivindicam esse elevado direito puramente na abstração. Mas ninguém vive apenas com essas abstrações; diante do fracasso da realização concreta, elas permanecem só como um mínimo que serve de fio condutor para a lembrança e a esperança. Ao mesmo tempo, têm uma força limpadora: elas libertam das amarras da mera corporalidade e das estreitezas supersticiosas para a apropriação da grande tradição em benefício da realização presente.

Deus é o Ser ao qual entregar-me totalmente é a verdadeira forma da existência. Ao que me entrego no mundo, até mesmo a mobilização de minha vida, está sempre relacionado a Deus, sob a condição da crença na vontade de Deus, sob constante verificação. Pois na entrega cega, o homem serve irrefletidamente ao poder que está acima dele apenas factualmente, e não esclarecido, de modo que talvez sirva dolosamente (por causa de sua falta de ver, perguntar, pensar) ao "Diabo".

Na devoção à realidade no mundo – o meio indispensável para a devoção a Deus – cresce o ser-si-mesmo [*Selbstsein*], que ao mesmo tempo se afirma naquilo a que se entrega. Mas, se todo o estar-aí for reduzido à realidade, família, povo, profissão, Estado, mundo, e se essa realidade fracassar, então só somos capazes de vencer o desespero do Nada por meio da autoafirmação que transcende a realidade do mundo, que se encontra só diante de Deus e que é de Deus. Só na entrega a Deus, e não ao mundo, é que este Ser-si-mesmo será entregue ele mesmo e recebido como liberdade de afirmá-lo no mundo.

Do ser-do-mundo evanescente, que se desenrola entre Deus e a existência, faz parte um mito, que – em categorias bíblicas – pensa o mundo como manifestação de uma história transcendente: partindo da criação do mundo, passando pela queda e depois pelos passos dos acontecimentos da Salvação até o fim do mundo e o restabelecimento de todas as coisas. Para este mito, o mundo não é a partir de si só, mas um estar-aí passageiro no decurso dos acontecimentos transcendentes. Enquanto o mundo for algo evanescente, a realidade estará nesta evanescência de Deus e da existência.

O que é eterno manifesta-se no tempo do mundo. Assim, o homem também sabe de si como indivíduo. Essa manifestação tem a característica paradoxal de que nela ainda é decidido para ela o que, em si, é eterno.

8
Fé e esclarecimento

Pronunciamos princípios filosóficos de fé: Deus é; existe o imperativo incondicional; o ser-humano é finito e imperfectível; pode viver conduzido por Deus; a realidade do mundo tem um estar-aí se esvaindo entre Deus e a existência. Os cinco princípios fortalecem-se mutuamente e se produzem [*sich hervortreiben*] alternadamente. Mas cada um tem sua própria origem em uma experiência fundamental da existência.

Nenhum desses cinco princípios é comprovável como um conhecimento finito dos objetos concretos no mundo. Sua verdade pode apenas ser apontada, tornando-se "passível de esclarecimento" por meio de uma estrutura de pensamentos, ou ainda pode ser "lembrada" por um apelo. Eles não são válidos como uma confissão, mas apesar da força de seu ser-crido, permanecem na suspensão do não-ter-sido-sabido [*Nichtgewusstsein*]. Eu não os sigo ao obedecer a uma autoridade pela minha confissão, mas à medida que eu, com meu próprio Ser, não consigo me furtar à sua verdade.

Declarações loquazes de princípios enchem-nos de reticências. Eles são tratados como conhecimento rápido demais, e isso desfigura o seu propósito. Muito prontamente eles se tornam dogmas para substituir a realidade. Eles deveriam ser comunicados para que os seres humanos pudessem se compreender uns aos outros por meio deles, sendo então confirmados por meio da própria comunicação, de tal modo que possam despertar os seres humanos quando as condições forem favoráveis. Mas, pela univocidade da expressão, eles seduzem para um pseudoconhecimento.

Da expressão faz parte a discussão, pois onde pensamos haverá também essa dupla possibilidade: podemos acertar ou errar o verdadeiro. Por isso, a todas as expressões positivas está associada a rejeição do erro, e é por essa razão que acontece a perversão, paralelamente à construção ordinária do pensado. A representação desenvolvida do positivo, portanto, precisa estar embebida de juízos negativos, de exclusão e rejeição. Mas, enquanto se estiver filosofando, esta batalha da discussão não será por poder, mas a batalha como caminho da iluminação por meio do ser-questionado, por clareza do verdadeiro, em que todas as armas do intelecto são colocadas tanto à disposição do adversário quanto para expressar a própria fé.

Chego à expressão direta por meio do filosofar, quando se pergunta diretamente: Deus existe? Existe o imperativo incondicional no estar-aí? O homem é imperfectível? Há uma condução por Deus? O ser-do-mundo é flutuante e evanescente? Sou obrigado a dar uma resposta quando as expressões estiverem contrapostas à falta de fé, com um teor aproximado como segue:

Primeiro: Não há nenhum Deus, pois há apenas o mundo e as regras de seus acontecimentos; o mundo é Deus.

Segundo: Não há o incondicional, pois as exigências que sigo surgiram e se transformam. Elas são condicionadas pelo hábito, pelo exercício, pela tradição, pela obediência; tudo está sob condições no infinito.

Terceiro: Há o homem acabado, pois ele pode ser um ser tão bem acabado quanto o animal; poder-se-á criá-lo. Não existe a incompletude por princípio, não há a fragilidade [*Brüchigsein*] humana na base. O homem não é um entre-ser, mas é acabado e inteiro. É bem verdade que, como tudo no mundo, ele é efêmero, mas ele é autofundado, autônomo, e se basta em seu mundo.

Quarto: Não há uma condução por Deus; esta condução é uma ilusão e um autoengano. O ser-humano tem a força de seguir a si mesmo e pode confiar na própria força.

Quinto: O mundo é tudo, sua realidade é a única e é a realidade de fato. Como não há transcendência, tudo no mundo é efêmero, mas o próprio mundo é absoluto, eternamente não evanescente, não sendo um ser-transitório flutuante.

Diante dessas expressões da falta de fé, a tarefa filosófica é dupla: compreender sua origem e esclarecer o sentido da verdade da fé.

A falta de fé é considerada a consequência do esclarecimento [*Aufklärung*]. Mas o que é esclarecimento?

As exigências do esclarecimento voltam-se contra a cegueira de se tomar algo como verdadeiro sem questionamento; voltam--se contra atos que não produzem o que intencionam – como atos mágicos – já que repousam sobre pressupostos comprovadamente falsos; voltam-se contra a proibição de questionamentos e pesquisas ilimitados; contra preconceitos arraigados. O esclarecimento exige um esforço ilimitado por discernimento [*Einsicht*] e uma consciência crítica quanto ao tipo [*Art*] e limite de todo discernimento.

A reivindicação do ser-humano é que seja óbvio para ele mesmo o que intenciona, quer e faz. Ele quer pensar por si mesmo e conceber com o juízo [*Verstand*] e anseia ter podido comprovar, se possível, o que é verdade. Ele exige atrelamento a experiências acessíveis basicamente a todos. Busca caminhos até a origem do discernimento [*Einsicht*], em vez de recebê-los como resultado pronto para aceitação. Deseja discernir [*einsehen*] em que sentido uma comprovação é válida e diante de que limites o juízo fracassa. E ainda procura uma justificativa para aquilo que, no final, terá que transformar na base de sua vida enquanto pressupostos injustificáveis: para a autoridade que ele segue, para a veneração que sente, para o respeito que tem pelos pensamentos e atos de pessoas grandes, pela confiança que ele deposita em alguém, seja atualmente e nesta situação, seja no não compreendido e no impalpável em geral. Ainda em meio à obediência, ele quer saber por que obedece. Tudo que julga ser verdadeiro e que faz acreditando ser correto, ele submete – sem exceção – à condição de poder estar ali ele mesmo interiormente. E ele só estará presente ali se a sua aquiescência for reconhecida como autoconvicção. Resumindo: o Iluminismo é – nas palavras de Kant – a "saída do homem de sua menoridade autoinfligida". Ele deve ser apreendido como o caminho pelo qual a pessoa chega a si própria.

Mas as reivindicações do Iluminismo são tão facilmente incompreendidas, que o sentido do Iluminismo acaba sendo dúbio. Pode ser um Iluminismo verdadeiro, mas também um falso. E por isso, a luta contra o Iluminismo, por sua vez, é dúbia. Ela pode, com razão, se voltar contra o Iluminismo falso, ou então, sem razão, se voltar contra o verdadeiro Iluminismo. Muitas vezes, ambas podem se mesclar em uma só.

Na luta contra o Iluminismo, dizem o seguinte: ele destrói a tradição sobre a qual repousa toda a vida; ele dissolve a fé e leva ao niilismo; ele dá a cada pessoa a liberdade de sua arbitrariedade e, portanto, se tornaria a saída da desordem e da anarquia; ele faz o homem mal-aventurado, por ser ele sem chão.

Essas críticas atingem um Iluminismo falso que, ele próprio, não entende mais o sentido do verdadeiro Iluminismo. O *falso* significa procurar fundamentar todo o conhecer, além de querer e fazer com o mero juízo (em vez de aproveitar a razão apenas como o caminho nunca contornável de iluminação daquilo que tem que lhe ser dado); ele absolutiza os conhecimentos sempre particulares da razão (em vez de usá-los sensatamente apenas na área que lhes é destinada); ele seduz o indivíduo, levando-o a afirmar que pode saber para si mesmo e que, com base em seu conhecimento, é capaz de agir sozinho, como se o indivíduo fosse tudo (em vez de se fundamentar no contexto vivo do conhecimento questionante e fomentador em comunidade); falta-lhe o sentido de exceção e autoridade, a partir do qual toda vida humana deve se orientar. Resumindo: ele quer dar autonomia ao ser-humano, de tal forma que consiga alcançar todo o verdadeiro e essencial a ele por meio do entendimento da razão [*Verstandeseinsicht*]. Ele quer apenas saber e não crer.

O Iluminismo *verdadeiro*, por sua vez, não mostra intencionalmente um limite ao pensamento e ao questionamento, vindo de fora e por pressão, mas terá consciência do limite factual, visto que ele não esclarece só o que até então permaneceu inquestionado, os preconceitos e as supostas obviedades, mas também esclarece a si mesmo. Ele não confunde os caminhos da razão com os cernes do ser-humano. Estes se mostram aclaráveis no Iluminismo por meio de um juízo sensato, mas não podem se fundar na razão.

Vamos analisar mais de perto alguns ataques específicos ao Iluminismo. Criticam-no por ser a *autonomia* humana, que deva a si mesmo o que seria seu apenas pela Graça.

Essa crítica não percebe que Deus não fala por ordens e revelações de outras pessoas, mas pelo ser-si-mesmo do homem e de sua liberdade, e não de fora, mas de dentro. Se a liberdade criada por Deus e a Ele referente prejudicar o ser-humano, então será justamente aquilo pelo qual Deus se manifesta indiretamente. Isso cresce com o combate à liberdade, com essa luta contra o esclarecimento de fato uma rebelião contra o próprio Deus em benefício de conteúdos de fé, mandamentos e proibições supostamente divinos, inventados pelos homens, em benefício de ordenações e modos de agir instituídos por elas em que, como em todas as coisas humanas, tolice e sabedoria se misturam indistintamente. Se estas forem tiradas do questionamento, exigirão, consequentemente, a exposição da tarefa humana, pois a rejeição do esclarecimento é como uma traição ao homem.

Um momento fundamental do Iluminismo é a Ciência, especialmente aquela *sem pressupostos*, ou seja, uma ciência que não seja tolhida em suas questões e pesquisas por meio de metas e verdades preestabelecidas, além das limitações morais que, por exemplo, são contra experiências em humanos a partir de exigências de humanidade.

Ouviu-se o seguinte clamor: a Ciência destrói a fé. A ciência grega ainda teria que ser encaixada na fé, sendo ainda útil para seu aclaramento. Mas a ciência moderna é ruinosa por excelência. Ela é simplesmente o fenômeno histórico de uma crise mundial fatídica. Seu fim é esperado e deve ser acelerado com toda a força. Duvida-se da verdade que ali lampeja para sempre. Nega-se a dignidade humana, que hoje não é mais possível sem uma postura científica. Fica-se contra o Iluminismo e vê-se ali apenas um achatamento do juízo, e não a amplitude da razão. Fica-se contra o Liberalismo, vendo apenas seu enrijecimento no deixar-estar [*Gehenlassen*] e na crença desenvolvimentista exterior, e não a força profunda da liberalidade. Fica-se contra a tolerância enquanto indiferença impiedosa dos sem fé, não vendo a disponibilidade universal para a comunicação humana. Em resumo: descarta-se o nosso fundamento de dignidade humana, de possibilidade de conhecimento, de liberdade, aconselhando-se o suicídio espiritual da existência filosófica.

Em contrapartida, temos certeza do seguinte: não há mais veracidade, não há mais razão e não há mais dignidade humana sem uma autêntica cientificidade, se esta for possível para o ser-humano por meio da tradição e da situação. Se perdermos a Ciência, surgirão os crepúsculos, o lusco-fusco, bem como nascerão os sentimentos nebulosamente edificantes e as decisões fanáticas em uma cegueira autoproduzida. Erguem-se barreiras, o ser-humano será conduzido a novas prisões.

Por que as lutas contra o Iluminismo?

Não raro elas brotam de um impulso para o absurdo, para a obediência a pessoas das quais se acredita serem porta-vozes de Deus. Elas germinam da paixão pela noite, que não segue mais a lei do dia, mas que numa falta de chão vivenciada constrói uma ordem de fachada supostamente salvadora e sem chão. Há um impulso para a falta de fé, que quer a fé e se convence dela. E a vontade de poder, que acredita tornar as pessoas mais obedientes quanto mais seguirem a autoridade em obediência cega, sendo a autoridade um meio [*Mittel*] desse poder.

Se nesse contexto ocorrer uma menção a Cristo e ao Novo Testamento, isso se justifica apenas em relação a determinadas manifestações eclesiásticas e teológicas dos milênios, mas não se justifica caso se refira à origem e à verdade da própria religião bíblica. No verdadeiro Iluminismo, elas são vivas, são aclaradas pela Filosofia, que talvez participe num processo de tornar possível a manutenção desses conteúdos para o ser-humano no novo mundo técnico.

Mas o fato de os ataques ao Iluminismo sempre voltarem a parecer razoáveis, baseia-se nas perversões do Iluminismo, contra as quais o ataque de fato se justifica. As perversões são possíveis em decorrência da dificuldade da tarefa. É bem verdade que o Iluminismo vem acompanhado do entusiasmo do ser-humano em processo de libertação, esse homem que, com sua liberdade, sente-se mais aberto para a deidade, um entusiasmo repetido em cada um que renasce. Mas depois o Iluminismo logo poderá se tornar uma reivindicação praticamente insustentável. Pois, de modo algum, Deus é ouvido claramente a partir da liberdade, mas apenas ao longo do esforço vitalício em alguns instantes em que é dado de presente ao homem o que ele nunca imaginaria, pois ele não consegue carregar sempre o peso do não conhecimento crítico em mera disposição para a escuta no instante específico. Ele quer a definição do Último.

Após ter descartado a fé, ele se entrega ao pensamento da razão enquanto tal, da qual erroneamente espera certeza naquilo que é essencial na vida. Mas como o pensamento não poderá realizar isso, a realização dessa reivindicação só poderá funcionar pelas ilusões: o finalmente definido, uma vez isto, outra vez aquilo, em uma multiplicidade sem fim, acaba por ser absolutizado no todo. A respectiva forma de pensamento é tomada como o conhecimento em si. Perde-se a continuidade da constante autoanálise, a qual se domina por uma certeza definitiva de fachada. A opinião aleatória conforme o acaso e a situação reivindica ser a verdade, mas acaba se tornando uma nova cegueira em uma aparente claridade. Uma vez que um tal Iluminismo afirma poder saber e pensar tudo a partir de sua própria percepção, é nela que, de fato, reside a arbitrariedade. Ela realiza esta reivindicação impossível por meio de um pensar pela metade e sem limites.

Contra todas essas inversões não ajuda a eliminação do pensar, mas apenas a concretização do pensar com todas as suas possibilidades, com sua consciência crítica de limitação e com suas realizações válidas, que se sustentam no contexto do conhecimento. Só uma formação do pensar que se dá com a autoeducação do ser-humano inteiro poderá evitar que um pensar aleatório se transforme em veneno e que a claridade do Iluminismo se torne uma atmosfera mortal.

Justamente para o mais puro Iluminismo fica clara a inevitabilidade da fé. Os cinco princípios da fé filosófica não devem ser comprovados como teses científicas. Não é possível forçar a fé de forma racional, muito menos pelas ciências, nem pela Filosofia.

Engana-se o falso Iluminismo ao acreditar que a razão possa reconhecer por si só a verdade e o Ser. A razão depende de outra coisa. Na condição de conhecimento científico, depende de exemplificação [*Anschauung*] na experiência. Na condição de Filosofia, depende de conteúdos de fé.

O juízo pode, sim, pelo pensar, trazer à vista, purificar, desdobrar, mas precisa lhe ser concedido aquilo que dá à sua intenção significado material [*gegenständlich*], que proporciona concretude ao seu pensar, sentido ao seu agir, conteúdo-de-ser [*Seinsgehalt*] ao seu filosofar.

Ao final, fica evidente de onde surgem esses pressupostos dos quais o pensar permanece dependente. Eles estão enraizados no Englobante a partir do qual vivemos. Se a força do Englobante faltar em nós, tenderemos àquelas cinco negações por parte de nossa ausência de fé.

De forma externamente palpável, os pressupostos das experiências ilustrativas provêm do mundo, os pressupostos da fé provêm da tradição histórica. Sob essa forma externa, eles são apenas fios condutores, que simplesmente ajudarão a encontrar os verdadeiros pressupostos. Pois esses pressupostos externos ainda estão sujeitos a um constante exame, não por meio da razão como um juiz, que soubesse ele mesmo o que é verdadeiro, mas pelo bom-senso como meio: o intelecto examina a experiência a partir de outra experiência; ele também examina a fé tradicional a partir dela mesma, e nela examina toda a tradição, a partir do despertar original dos conteúdos da origem do próprio Ser-si-mesmo. As ciências oferecem aquelas elucidações necessárias da experiência às quais não podem se furtar aqueles que seguem os métodos prescritos; na Filosofia, possibilita-se a compreensão da fé por meio da conscientização [*Vergegenwärtiging*] compreensiva da tradição.

No entanto, uma resistência à ausência de fé não é possível pela sua superação direta, mas apenas contra reivindicações racionais comprovadamente falsas de um suposto conhecimento e contra reivindicações de fé racionalizadas que parecem falsas.

O engano na expressão dos princípios filosóficos de fé inicia-se quando são tomados como comunicação de um conteúdo. Pois no sentido de cada um desses princípios não se encontra uma matéria absoluta, mas o signo de uma infinitude em vias de se tornar concreta. Onde essa infinitude estiver presente na fé, o sem-fim do ser-do-mundo terá se tornado uma manifestação polissêmica deste chão.

Se aquele que filosofa pronunciar esses princípios de fé, será como um análogo de uma confissão. O filósofo não deve usar o seu não conhecimento para se esquivar de toda resposta. Do ponto de vista filosófico, ele permanecerá cuidadoso e repetirá: eu não sei; também não sei se creio; mas essa fé, expressa em tais princípios, parece-me ter sentido, e quero ousar crer dessa forma, e ter a força para viver nela. Portanto, ao se filosofar, haverá sempre uma tensão entre a suposta indecisão da expressão flutuante e a realidade do comportamento decidido.

9
A história da humanidade*

Nenhuma realidade é mais essencial para a nossa autoafirmação do que a história. Ela nos mostra o horizonte mais amplo da humanidade, nos traz os conteúdos da tradição que fundamentam a nossa vida, mostra-nos a medida do que é presente, liberta-nos do atrelamento inconsciente à nossa própria época, ensina-nos a ver o homem em suas mais elevadas possibilidades e em suas criações eternas.

Não podemos usar o nosso tempo livre de forma melhor do que nos aproximarmos das maravilhas do passado e, permanecermos próximos delas e vermos a desgraça em que tudo foi destruído. Entendemos melhor aquilo que experimentamos no presente através do espelho da história. O que ela nos legou se torna vívido a partir de nossa própria época. Nossa vida progride no aclaramento mútuo de passado e presente.

Somente nos diz respeito a história particular, concreta, a que está próxima de nós. Filosofando, iremos nos demorar em algumas digressões que permanecerão abstratas.

---

* Nesta palestra, algumas partes foram extraídas literalmente do meu livro *Vom Ursprung und Ziel der Geschichte* [Da origem e da finalidade da história] [N. do autor].

A história do mundo pode parecer um caos de eventos ao acaso. Como um todo, parece uma confusão, como o redemoinho de um curso d'água. E continua sempre, de uma confusão para a outra, de uma desgraça para a outra, com breves lampejos de felicidade, com ilhas que foram poupadas da enxurrada por alguns momentos, até que elas também sejam inundadas, tudo junto – usando uma imagem de Max Weber – uma estrada pavimentada pelo diabo com valores demolidos.

É bem verdade que descortinamos conexões entre os acontecimentos, como relações de causalidade, por exemplo os efeitos de invenções técnicas para o nosso modo de trabalho, deste para a estrutura social, das conquistas para as estratificações populacionais, da técnica de guerra para as organizações militares e destas para a construção do Estado e assim por diante até o infinito. Para além de relações de causalidade, evidenciam-se certos aspectos totais, por exemplo na sequência estilística do espiritual por uma série de gerações, como eras de cultura produzidas umas pelas outras, como grandes corpos culturais fechados em seu desenvolvimento. Spengler e os que o sucederam viam essas culturas surgirem a partir da massa do ser-humano [Menschsein] que apenas vai vivendo, tal como as plantas brotam do chão, florescem e murcham, em quantidade ilimitada – Spengler contou oito até então, Toynbee vinte e um – e de tal forma que tem pouco ou nada a ver umas com as outras.

Vista desta forma, a história não faz sentido, não tem unidade nem estrutura, além apenas das inúmeras associações causais difíceis de visualizar e nas configurações morfológicas, tais como também ocorrem na Natureza, só que na história, é muito mais difícil de detectá-las com exatidão.

Mas a Filosofia da história significa buscar esse sentido, essa unidade, a estrutura da história mundial. E esta só pode afetar a humanidade como um todo.

Esbocemos aqui um esquema da história mundial:

Seres humanos já viviam há milhares de centenas de anos; isso foi comprovado por achados de ossos em camadas geológicas datáveis de tempo. Seres humanos semelhantes a nós anatomicamente já viviam há milhares de décadas, e deles há restos de ferramentas e até de pinturas. Possuímos uma história documentada e coesa há apenas cinco ou seis mil anos.

A história tem quatro incisões profundas:

Primeira: Desvendável é apenas o primeiro grande passo do surgimento das línguas, da invenção de ferramentas, do acendimento e do uso do fogo. É a era prometeica, a base de toda a história, pela qual foi possível o ser-humano se tornar humano em comparação a um mero ser-humano [*Menschsein*] biológico inimaginável para nós. Não sabemos quando foi isso[3], e no curso de que períodos longos se distribuíram os diferentes passos. Essa era deve estar bem distante no passado e deve consistir num múltiplo do tempo histórico documentado, que quase desaparece diante daquela era.

Segunda: Entre 5.000 e 3.000 anos antes de Cristo surgiram as antigas grandes civilizações no Egito, na Mesopotâmia, ao longo do Rio Indo, um pouco mais tarde às margens do Huang Ho na China. São pequenas ilhas de luz na ampla massa da humanidade que já povoa todo o planeta.

---

3. Atualmente, a Antropologia data a "revolução cognitiva" ou "revolução cultural" de aproximadamente 60 mil anos atrás.

Terceira: Por volta de 500 anos antes de Cristo – no período entre 800 e 200 – deu-se a fundação espiritual da humanidade, da qual ela se nutre até hoje, concomitante e independentemente na China, na Índia, na Pérsia, na Palestina, na Grécia.

Quarta: Desde então, só ocorreu um único acontecimento inteiramente novo, espiritual e materialmente significativo, do mesmo nível de efeitos da história mundial: a era técnico-científica, preparada na Europa desde o fim da Idade Média, constituída espiritualmente no século XVII, em franca expansão desde o fim do século XVIII, em apressado desenvolvimento nas últimas décadas.

Vamos lançar um olhar sobre a terceira incisão, por volta de 500 anos antes de Cristo. Hegel disse: "Toda história vai até Cristo e vem dele. A manifestação do Filho de Deus é o eixo da história mundial". Para esta estrutura cristã da história mundial temos o nosso cálculo do tempo como testemunho diário. A falha é que uma tal perspectiva da história universal só pode ter validade para cristãos de fé. Mas também no Ocidente, o cristão não tem a sua concepção empírica de história atrelada a essa fé. Para o cristão, a história sagrada separou-se da profana como sendo diferente em seu sentido.

Um eixo da história mundial, caso ela exista, seria apenas para a história profana e aqui seria empírica como algo factual, que enquanto tal pode ser válido para todos os homens, também para os cristãos. Ele deveria ser convincente para o Ocidente e para a Ásia e para todos os homens, sem a medida de um determinado conteúdo de fé. Cresceria assim para todos os povos um quadro comum de autoentendimento histórico. Esse eixo da história mundial, então, parece situar-se no processo espiritual que ocorre entre 800 e 200 anos antes de Cristo. Surgiu o homem com quem vivemos até hoje. Chamemos a essa época resumidamente de "era axial". Nessa era, condensam-se fatos extraordinários. Na China, viviam Confúcio e Lao-Tsé, surgiram todas as vertentes da Filosofia chinesa, pensavam Mo-Ti, Chuang-Tsé, Lie-Tsé e inúmeros outros; na Índia, surgiram os Upanishads, viveu Buda, foram desenvolvidas todas as possibilidades filosóficas até o Ceticismo e até o Materialismo, até a Sofística e o Niilismo, como na China; no Irã, Zaratustra ensinava a desafiadora imagem do mundo da luta entre o Bem e o Mal; na Palestina, surgiram os Profetas, de Elias, Isaías e Jeremias ao Dêutero-Isaías; a Grécia viu Homero, os filósofos Parmênides, Heráclito, Platão, os trágicos Tucídides e Arquimedes. Tudo que é apenas aludido por estes nomes surgiu nesses poucos séculos quase concomitantemente na China, na Índia e no Ocidente, sem que soubessem um do outro.

Em todos os lugares, o novo dessa era é que o homem se conscientiza do Ser como um todo, de si mesmo e de seus limites. Ele experimenta a fertilidade do mundo e a própria impotência. Ele faz perguntas radicais e diante do abismo, insiste em favor da libertação e da salvação. À medida que percebe as suas limitações com consciência, ele acaba por colocar as metas mais altas para si mesmo. Ele experimenta a incondicionalidade na profundidade do Ser-si-mesmo e na clareza da transcendência.

Foram tentadas as possibilidades contraditórias. Discussão, tomada de partido, cisão [*Zerspaltung*] do espiritual, que ainda no oposto fazia referência ao outro, fez com que se produzisse agitação e movimento, beirando o caos espiritual.

Foi nessa era que se apresentaram as categorias fundamentais com as quais pensamos até hoje e foram criadas as religiões do mundo a partir das quais as pessoas vivem até hoje.

Por meio desse processo, as visões, os hábitos e as situações até então válidas inconscientemente foram questionadas. Tudo entrou em um redemoinho.

A era mítica, com sua calma e seu autoentendimento, havia chegado ao fim. Começara a batalha com o mito a partir da racionalidade e da experiência real, a batalha pela transcendência do Deus único contra os demônios, contra os deuses não verdadeiros a partir de uma indignação ética. Mitos foram reformulados, percebidos em nova profundidade, no momento que o mito em geral era destruído.

O ser-humano não está mais fechado em si. Ele é incerto para si mesmo, estando então aberto a novas e ilimitadas possibilidades.

Pela primeira vez, havia filósofos. Pessoas ousavam entrar-se em si mesmas. Eremitas e pensadores ambulantes na China, ascetas na Índia, filósofos na Grécia e profetas em Israel são um conjunto, por mais que se diferenciem na fé, nos conteúdos e na constituição interior.

O ser-humano opõe a sua própria interioridade ao mundo inteiro. Ele descobriu em si mesmo a fonte primordial, por meio da qual pode transcender o si mesmo e o mundo. É naquela época que se toma consciência da história. Algo de extraordinário se inicia, mas sente-se e sabe-se o seguinte: o passado infinito foi antes. Já no início desse despertar do espírito humano propriamente dito, o homem é sustentado por lembranças, ele tem a consciência de ser póstero, de ter fenecido.

Quer-se tomar nas próprias mãos o andamento dos acontecimentos, planejando; quer-se recuperar as situações corretas ou então produzi-las pela primeira vez. Pensa-se em qual a melhor forma de convívio entre as pessoas, qual a melhor forma de administrá-las e governá-las. Ideias de reformas dominam o agir.

Também a situação sociológica mostra analogias em todas as três áreas. Houve uma enorme quantidade de pequenos estados e cidades, uma guerra de todos contra todos, em que inicialmente ainda era possível uma espantosa prosperidade.

A era em que isso se desenvolveu ao longo dos séculos, no entanto, não consistia em um desenvolvimento ascendente linear. Era destruição e nova produção ao mesmo tempo. De modo algum se alcançou uma completude. As maiores possibilidades, concretizadas individualmente, não se tornaram bem comum. O que inicialmente era liberdade de movimento, no fim, tornou-se anarquia. Quando a criatividade se perdeu para essa era, em três áreas culturais ocorreu a fixação de opiniões doutrinárias e o nivelamento. A partir da desordem que começava a se tornar insuportável, cresceu a necessidade de um novo vínculo a partir do restabelecimento de estados permanentes.

O encerramento inicialmente é político. Surgem reinos grandes e onipotentes quase simultaneamente na China (Ts'in-Che--Huang-Ti), na Índia (Dinastia Maurya), no Ocidente (os reinos helenísticos e o Imperium Romanum). Em todos os lugares, inicialmente foi a partir do colapso que se conquistou uma ordem técnica e organizacional planejada.

Até hoje, a vida espiritual da humanidade reporta-se retrospectivamente à era axial. Na China, na Índia e no Ocidente, há as retomadas conscientes, os Renascimentos. Certamente houve então grandes criações espirituais novas, mas que foram despertadas pelo conhecimento dos conteúdos adquiridos na era axial.

É assim que se move o grande comboio da história, desde o primeiro tornar-se-humano, passando pelas grandes civilizações antigas, até a era axial e suas consequências, que, do ponto de vista da criação, se aproximavam bastante do nosso tempo.

Desde então, ao que parece, iniciou-se um segundo comboio. Nossa era técnico-científica é como um segundo começo, apenas comparável à primeira invenção de ferramentas e da preparação do fogo.

Se ousássemos fazer uma suposição por analogia, seria a seguinte: iremos atravessar configurações análogas às organizações e aos planejamentos das grandes civilizações antigas, como o Egito, de onde os antigos judeus emigraram e que abominaram como local de trabalho quando colocaram uma nova fundação. Talvez a humanidade atravesse esta organização gigantesca, direcionando-se para uma nova era axial do tornar-se humano propriamente dito, ainda distante e invisível e inimaginável para nós.

Mas atualmente vivemos em uma era de catástrofes frutíferas. Parece que tudo o que foi legado devesse ser fundido e, mesmo assim, ainda não se vê de forma convincente a base de uma nova construção.

O fato novo é que a história do nosso tempo pela primeira vez se transforma em história mundial. Comparada à presente unidade de trânsito do globo terrestre, toda história pregressa é um agregado de histórias locais.

O que chamamos de história, no sentido até então usado, acabou. Foi um momento intermediário de cinco mil anos entre a povoação do globo terrestre que se estendeu por centenas de milhares de anos pré-históricos e o início atual da história mundial propriamente dita. Esses milênios, se medidos a partir dos tempos do ser-humano pregresso e das possibilidades futuras, foram um período minúsculo. Esta história significou o próprio encontrar-se, o reunir-se das pessoas para a ação da história mundial e foi aquisição espiritual e técnica do equipamento para aguentar a viagem. Acabamos de começar.

Precisamos olhar para horizontes desse tipo quando nos sentimos inclinados a lançar um olhar turvado sobre as realidades de nossa era, considerando que toda a história humana está perdida. Podemos acreditar nas possibilidades vindouras do ser-humano. À primeira vista, hoje tudo é turvo, mas não a longo prazo. Para termos certeza disso, necessitamos das medidas da história mundial como um todo.

Podemos acreditar no futuro de forma ainda mais decidida se nos tornarmos reais no presente, buscarmos a verdade e vislumbrarmos as medidas do ser-humano.

Se perguntarmos pelo *sentido da história*, para aquele que acredita em um objetivo dela parecerá óbvio não apenas pensar no objetivo, mas realizá-lo de forma planejada.

Mas experimentamos a nossa impotência quando queremos nos instalar no todo de forma planejada. Os planejamentos arrogantes de detentores do poder, a partir de um suposto conhecimento total da história, acabam fracassando em catástrofes. Os planejamentos dos indivíduos em seu círculo restrito fracassam ou se tornam momentos de contextos de sentido totalmente diferentes, não planejados. O andar da história parece um rolo compressor diante do qual ninguém consegue se manter, ou então aparece como um sentido que é interpretável até o infinito, que se manifesta inesperadamente por meio de novos acontecimentos, permanecendo sempre polissêmico, um sentido que nunca conhecemos quando nele confiamos.

Se colocarmos o sentido num estado final de felicidade a ser alcançado na Terra, não o encontraremos em nenhuma concepção imaginável para nós e em nenhum sinal da história até então. Contra um tal sentido depõe a história da humanidade em seu decurso caótico, esse caminho de sucesso moderado e destruições totais.

A pergunta pelo sentido da história não pode ser resolvida pela resposta que o expressa como um objetivo.

Todo objetivo é particular, provisório, ultrapassável. Construir a história total como a história de uma única decisão somente será possível pelo preço de se negligenciar algo essencial.

O que Deus quer com o ser-humano? Talvez seja possível uma ideia de sentido ampla e indefinida: a história é o local de revelação, o que o homem é, poderia ser e o que será dele, bem como o que consegue. Mesmo a maior ameaça é uma tarefa dada ao ser-humano. O que vale na realidade do ser-humano elevado não é apenas a medida da seguridade.

A história ainda significa muito mais: ela é um lugar de revelação do Ser da deidade. O Ser fica evidente no ser-humano junto com seus semelhantes. Pois Deus não se mostra de uma única e exclusiva forma na história. De acordo com a possibilidade, todos estamos em conexão direta com Deus. Na variedade histórica é que se encontra o direito próprio do insubstituível e não dedutível em todo lugar.

Em caso de uma tal concepção indeterminada de sentido, vale o seguinte: não há nada a esperar se eu quiser preconizar a felicidade concreta como uma perfeição na Terra, como Paraíso de estados humanos, mas pode-se esperar tudo quando depender da profundidade do ser-humano, que se abre com a fé na deidade. Não há nada a esperar se o faço apenas externamente, mas há tudo a esperar se confio na origem da transcendência.

Não é o objetivo final da história, mas um objetivo que seria, ele próprio, a condição para alcançar as mais altas possibilidades do ser-humano, deverá ser determinado formalmente: a *unidade da humanidade*.

A unidade não pode ser atingida por meio de uma racionalidade científica universal, pois esta trará apenas a unidade da razão, e não do homem como um todo. A unidade também não se encontra em uma religião geral que, por exemplo, fosse detectada univocamente em congressos de religião por meio de consulta. Ela também não se torna real pelas convenções de uma língua esclarecida do bom-senso humano. Só se adquire a unidade a partir da profundidade da historicidade, e não como conteúdo cognoscível comum, mas apenas na comunicação ilimitada do historicamente diferente, no diálogo interminável, que, em seu ponto alto, se transforma em pura emulação amorosa.

Pressuposto para esse viver-junto digno do homem é um espaço de ausência de violência. Para ganhá-lo, é possível uma unidade da humanidade na ordem das bases do estar-aí, para muitos já sendo um objetivo de seus anseios. Esse objetivo da unidade, que atinge apenas os fundamentos do estar-aí, que não quer um conteúdo de fé comum, de validade geral, não parece totalmente utópico para um combate espiritual persistente no suporte das relações de poder factuais, com auxílio de situações necessárias.

A condição dessa unidade é uma forma política de estar-aí, em relação à qual todos podem entrar em acordo, pois ela eleva as chances de liberdade para todos ao mais alto patamar. Essa forma, que foi concretizada em parte e pensada em profundidade apenas no Ocidente, é o Estado de Direito, a legitimidade por intermédio de eleições e leis, a possibilidade de modificação das leis apenas pela via legal. Aqui, os espíritos lutam pelo conhecimento da coisa certa, pela opinião pública, pela convocação do máximo possível de pessoas, para uma opinião claríssima e para uma orientação plena por meio de notícias.

O fim das guerras seria alcançado em uma ordem mundial do Direito, em que nenhum Estado teria a soberania absoluta, que seria atribuída exclusivamente à humanidade em sua ordenação jurídica e suas funções.

Mas se a humanidade quiser a comunicação, bem como a recusa à violência, em benefício de uma ordenação jurídica – que ainda continua sendo injusta, mas se tornando mais justa –, então não nos ajuda nenhum otimismo que claramente vê o futuro como salvação a partir do poder de convencimento de uma tal tendência. Aliás, temos motivos para o contrário.

Vemos aqui, cada um em si mesmo, a teimosia, a resistência contra a autoelucidação, a Sofística, pela qual também a Filosofia é usada para ocultação; vemos a rejeição do estranho em vez da comunicação, o prazer do poder e violência, as massas sendo arrebatadas por oportunidades de guerra, numa esperança cega de lucro, e pela aventura selvagem, disposta a morrer, que tudo sacrifica; e vemos, por sua vez, uma reduzida disposição das massas para a renúncia, para a economia, para a paciência e para a construção sóbria de situações sólidas; e vemos as paixões forçando a sua passagem quase desenfreadamente por todos os bastidores do espírito.

Vemos ainda, independentemente dos traços característicos humanos, a irrevogável injustiça em todas as instituições; vemos surgir as situações que são insolúveis pela justiça, por exemplo em decorrência do aumento da população e de sua distribuição, ou em decorrência da posse exclusiva de algo que todos desejam e que não é divisível.

Por isso, parece ser quase irrevogável o limite em que, de alguma forma, volta a irromper a violência. Retorna a pergunta que questiona se é Deus ou se é o diabo a reger o mundo. E é uma crença infundada de que, no final, o diabo acaba por estar a serviço de Deus.

Se nós vemos a nossa vida escorrer derretendo, em mera instantaneidade, arrastados para a falta de contexto de acasos e eventos excessivos diante da história, que parece estar no fim e apenas deixar o caos como legado, buscaremos nos erguer e, assim, superar toda história.

Certamente precisamos ter consciência de nossa era e de nossa situação. Uma Filosofia moderna não poderá florescer sem o aclaramento desse estar-dado-a-si [*Sichgegebensein*] no tempo em determinado local. Mas, se estamos sujeitos às condições da era, não é por isso que iremos filosofar a partir dessas condições, mas, como a qualquer tempo, a partir do Englobante. Não podemos empurrar para a nossa era aquilo que podemos ser, nos submeter a ela, mas tentamos progredir por meio do aclaramento da era, buscando chegar ao lugar em que possamos viver a partir da profundidade.

Também não devemos transformar a história em deidade. Não precisamos reconhecer as palavras ímpias que afirmam ser a história mundial o Juízo do mundo. Não é uma última instância. O fracasso não é um contra-argumento diante da verdade, que se encontra fundamentada transcendentalmente. Com a apropriação da história transversalmente lançamos a âncora na eternidade.

10
A independência do ser-humano que filosofa

A independência do homem é menosprezada por tudo o que é totalitário, seja reivindicando para si o direito de ser a única verdade para todos enquanto fé religiosa, seja enquanto Estado ao amalgamar tudo o que é humano na estrutura do aparelho de poder, não deixando restar nada de próprio, quando até mesmo o trabalho em momentos de lazer precisa corresponder a essa linha de raciocínio. A independência parece se perder em silêncio, em meio à inundação de todo estar-aí pelo típico, pelos costumes, pelas obviedades não questionadas.

Mas filosofar significa lutar pela sua independência interior sob qualquer condição. O que é a independência interior?

Há uma imagem do filósofo como representação do homem independente desde a Antiguidade tardia. A imagem tem vários traços básicos. Esse filósofo é independente, primeiro porque não tem necessidades, está livre do mundo dos bens e do reino das pulsões, pois vive como asceta; segundo, porque não tem medo, porque percebeu o que está por trás das imagens de horror das religiões em sua inverdade; terceiro, porque não participa nem do Estado nem da política, vivendo em paz em seu ocultamento, sem vínculos, como cidadão do mundo. Em todo caso, esse filósofo acredita ter alcançado um ponto absolutamente independente, um ponto de vista fora de todas as coisas e, assim, ter atingido uma indiferença e um estado inabalável.

Esse filósofo se tornou objeto de admiração, mas também de desconfiança. Sua realidade deve testemunhar de variadas formas uma incomum independência na pobreza, na ausência de casamento e de profissão, na vida apolítica, dando evidências de uma felicidade não condicionada por algo vindo de fora, mas que se dá na consciência de uma caminhada e da indiferença diante dos golpes do destino. Mas algumas dessas formas também dão testemunho de uma forte autoconsciência, uma vontade de fazer efeito e, com isso, de orgulho e vaidade, de uma frieza no aspecto humano e da feiura da inimizade contra outros filósofos. Todos têm intrínseca uma postura dogmática na doutrina. A independência é tão pouco pura, que aparece como dependência não vislumbrada, às vezes ridícula.

Mas aqui, ao lado da religião bíblica, historicamente há uma fonte de possível independência. Lidar com esse filósofo estimula a própria vontade de independência, talvez justamente por vermos o seguinte: o homem não consegue manter-se em um ponto isolado da desvinculação. Essa suposta liberdade absoluta logo se transforma em outra dependência, externamente uma dependência do mundo, por cujo reconhecimento se luta, e internamente uma dependência de paixões não aclaradas. A independência não é possível pelo caminho dos filósofos da Antiguidade tardia. Apesar de suas manifestações em parte grandiosas, em meio à batalha pela liberdade, acabaram criando figuras enrijecidas e máscaras sem fundo.

Vemos o seguinte: a independência se transforma em seu oposto quando se julga absoluta. Em que sentido podemos batalhar pela independência, não é nem um pouco fácil de responder.

A independência é quase inevitavelmente dúbia. Vejamos alguns exemplos: o filósofo, e o metafísico em particular, cria estruturas de pensamento como se fossem jogos em relação aos quais ele se mantém em posição de superioridade, dadas as suas possibilidades ilimitadas de criação. Mas aí temos a seguinte questão: O homem é senhor de seus pensamentos por ser ímpio e poder praticar seu jogo criativo sem ter relação com um chão, de forma autônoma, de acordo com regras autoestabelecidas, encantado com sua forma, ou seria o inverso, porque permanece superior a sua linguagem por ter Deus como referência, sendo que para essa linguagem ele precisa sempre tirar, como se fossem roupas e imagens, tudo o que sempre lhe pareceu inadequado como Ser absoluto, numa operação transformadora que deve ser feita infinitas vezes? Aqui, a independência de quem filosofa consiste no fato de que ele não sucumbe aos seus pensamentos como dogmas, no que ele se tornaria submisso, mas torna-se senhor de seus pensamentos. Mas ser senhor de seus pensamentos permanece dúbio – falta de vínculos na arbitrariedade ou vínculo da transcendência.

Outro exemplo: Para conquistarmos nossa independência, buscamos o ponto de Arquimedes fora do mundo. Trata-se de uma verdadeira busca, mas a questão é a seguinte: será que o ponto de Arquimedes é um estar-fora, que torna o ser-humano em total independência igual a Deus, ou será ele o ponto fora, onde encontrará Deus de verdade, experimentando a sua única dependência completa que, só ela, o fará independente no mundo?

Por causa da dubiedade, a independência muito facilmente consegue se manifestar como informalidade do sempre poder-ser-diferente, em vez de se tornar caminho para o verdadeiro Ser-si-mesmo em realização histórica. Então, o Ser-si-mesmo se perde em benefício dos meros papéis a serem representados. Essa suposta independência tem, como tudo que é ilusório, infinitas formas, por exemplo:

É possível desenvolver uma atitude estética em relação a todas as coisas, sejam elas seres humanos, animais ou pedras. A visão resultante pode ter a força de um mito que renasce, mas uma tal percepção é como um cadáver de olhos abertos, uma vez que ele não está dotado da decisão em que a vida se fundamenta; aqueles que possuem essa visão podem até se comprometer a ponto de arriscar suas próprias vidas, mas não se encontram ancorados no incondicional. Conduz-se uma vida insensível diante de contradições e absurdos, em um anseio sem limites por experiências; uma vida que, em meio às obsessões da era, tenta ser levada o mínimo possível pela impetuosidade e independente da própria vontade e experiência; uma vida que, em meio a toda consternação pela obsessão, preserva uma blindagem interior, que encontra o ápice do estar-aí na formulação do visto, transformando a linguagem no Ser.

Essa independência descompromissada gosta de deixar-se de lado. A satisfação através do olhar transforma-se no arrebatamento pelo Ser. O Ser parece revelar-se nesse pensar mítico, que é uma forma de poesia especulativa.

Mas o Ser não se revela para a entrega do mero olhar. Não basta a visão solitária, por mais séria que seja, a informação sem comunicação em formulações autoexplicativas, em imagens tocantes – na linguagem ditatorial do conhecimento e do pronunciamento.

Assim, na ilusão de ter o próprio Ser, podem acontecer esforços para que o homem esqueça a si mesmo. Em ficções do Ser, o homem se extingue; mas, nessas ficções, sempre há ainda um indício para a virada, e a insatisfação oculta pode ter consequências para a reconquista da verdadeira seriedade, que só na presença da existência se torna real e se liberta da postura ruinosa: ver o que é e fazer o que se gosta.

A independência descompromissada mostra-se ainda no pensar aleatório. O jogo descompromissado dos opostos permite assumir qualquer posição, dependendo da necessidade. É-se versado em todos os métodos, sem executar nenhum deles de forma pura. Não se é científico no raciocínio, mas adota-se o gesto da cientificidade. Aquele que fala assim é um Proteu em sua constante transformação, intangível; na verdade ele não diz nada e parece prometer algo extraordinário. Uma alusão plena de suposição, um rosnar, um fazer-sentir do misterioso torna-o atraente. Mas é impossível um debate de fato, apenas um palavrório para cá e para lá em uma diversidade atraente do interessante. Só se pode entrar ali em uma dissolução conjunta e sem destino de uma comoção ilusória.

A independência descompromissada pode aparecer sob forma do não-me-deixo-afetar no mundo, que se tornou insuportável: A morte é indiferente. Ela virá. Por que se agitar?

Vive-se a partir do prazer da força vital e na dor de seu fracasso. Um Sim natural permite sentir e viver tal como é naquele momento. Não se é polêmico. Não vale mais a pena. Amor com calor é possível, mas ele é confiado ao tempo, ao que se dissolve, ao inconstante em si. Não há nada incondicional.

Vive-se despreocupado, não se quer fazer ou ser nada em especial. Faz-se o que é exigido ou o que parece certo. O patético é ridículo. É-se solícito na comunidade do cotidiano.

Nenhum horizonte, nenhuma distância, nem passado nem futuro recebem esse estar-aí, que nada mais espera e que apenas vive aqui e agora.

As muitas maneiras da independência ilusória em que podemos entrar torna suspeita a própria independência. Uma coisa é certa: para conquistar a verdadeira independência não é necessário apenas aclarar essas dubiedades, mas também ter consciência dos limites de toda independência.

A independência absoluta é impossível. No pensar, dependemos de exemplificação que nos precisa ser dada; no estar-aí dependemos de outros, sendo que é só com eles que possibilitamos a nossa vida, em ajuda mútua. Enquanto Ser-si-mesmo, dependemos de outro Ser-si-mesmo, e em comunicação com ele é que ambos chegaremos a nós mesmos de verdade. Não existe a liberdade isolada. Onde há liberdade, ela está batalhando contra a falta de liberdade, sendo que, com sua total superação, em virtude do desaparecimento de todas as resistências teríamos suspendido a própria liberdade.

Portanto, só seremos independentes se, ao mesmo tempo, estivermos inseridos na trama do mundo. A independência não pode se tornar real se eu abandonar o mundo. Ser independente no mundo significa muito mais uma postura curiosa diante dele: estar participando e, simultaneamente, não estar participando, estar nele e, ao mesmo tempo, estar fora dele. Nas frases a seguir de grandes pensadores há isso em comum, apesar das diferenças de sentido:

Aristipo diz o seguinte em relação a todas as experiências, fruições, estados de felicidade e infelicidade: eu tenho, mas não sou tido; Paulo exige o seguinte da necessária participação na vida terrena: ter como se não se tivesse; no Bhagavad Gita lemos o seguinte: fazer a obra, mas não ansiar por seus frutos; em Lao--Tsé há a seguinte reivindicação: agir através do não agir.

Saber para o que apontam essas frases filosóficas eternas requer interpretação e, mesmo assim, não se chega ao fim. Para nós, basta dizer que são maneiras de expressar a independência interior. Nossa independência do mundo não pode ser desatrelada de um modo de dependência no mundo.

Um segundo limite da independência é que ela apenas como si mesma se transforma em nada:

A independência foi expressa de forma negativa como liberdade diante do medo, como indiferença contra desgraça e salvação, como firmeza do pensar meramente espectador, como blindagem contra sentimentos e pulsões. Mas o que se tornou independente aqui, de todo, é um mero ponto de um Eu.

O teor da independência não provém dela mesma. Ela não é a força de um equipamento, vitalidade, etnia, não é a vontade de poder, não é o produzir-a-si-mesmo.

O filosofar brota de uma independência no mundo, que é idêntica ao vínculo absoluto por meio de sua transcendência. Uma suposta independência sem vínculo logo se tornará um pensar vazio, ou seja, formal, sem estar presente no conteúdo, sem participar da ideia, sem estar baseado na existência. Essa existência se transformará na aleatoriedade principalmente do negar. Não lhe custa nada questionar tudo sem qualquer poder vinculante que conduza a pergunta.

Em oposição a isso, temos a tese radical de Nietzsche: Só quando não há Deus, o homem será livre. Pois, se Deus é, o homem não cresce, porque constantemente escorre em Deus como água não represada, que não ganha força. Mas, nessa mesma imagem, contrariando Nietzsche poderíamos dizer o seguinte, justamente por meio de uma virada: É só no olhar para Deus que o homem cresce, em vez de esvaziar-se sem represamento, desembocando na nulidade do mero acontecer da vida.

Um terceiro limite de nossa possível independência está na constituição básica do nosso ser-humano, visto que estamos sujeitos a perversões básicas das quais não conseguimos nos libertar. Com o primeiro despertar de nossa consciência, já deslizamos para o meio das ilusões.

A Bíblia interpreta isso miticamente a partir do pecado original. Na Filosofia de Hegel, nossa autoalienação [*Selbstentfremdung*] é aclarada de forma magistral. Kierkegaard nos mostra de modo comovente o demoníaco em nós e que desesperadamente nos enredamos na retração. Na Sociologia, fala-se grosseiramente das ideologias, e na Psicologia fala-se de complexos que nos dominam.

Será que podemos dominar o recalque e o esquecimento, o encobrimento e o ocultamento, as inversões, para chegarmos verdadeiramente à nossa independência? Paulo mostrou que não podemos ser verdadeiramente bons, visto que, sem conhecimento, o bom agir não é possível, mas se eu sei que meu agir é bom, já estou no orgulho, na segurança. Kant mostrou como no nosso bom agir este transforma o motivo oculto em sua condição, para que não prejudique demais a nossa felicidade e assim a deixe ficar impura. Não temos como superar a radicalidade desse mal.

Nossa própria independência necessita de ajuda. Podemos apenas nos esforçar e precisamos esperar que então – sem a visibilidade do mundo – incompreensivelmente venha em nosso auxílio no interior aquilo que nos arranca do erro. Nossa possível independência é sempre dependência da transcendência.

Como circunscrever hoje a independência possível do filosofar?

- não se ater a nenhuma escola filosófica, não tomar uma verdade verbalizável em si como a exclusiva e única, tornar-se senhor de seus pensamentos;
- não acumular uma posse da Filosofia, mas aprofundar o filosofar enquanto movimento;
- lutar pela verdade e humanização na comunicação incondicional;
- tornar-se capaz de aprender com o passado de forma a incorporá-lo, ouvir os contemporâneos, tornar-se aberto a todas as possibilidades;
- e sempre como esse indivíduo, mergulhar na própria historicidade, nessa origem, mergulhar naquilo que fiz, adotar o que fui, o que me tornei e o que me é dado de presente;
- não parar de se embrenhar na historicidade do ser-humano como um todo e assim na cidadania do mundo através da própria historicidade.

Difícil acreditarmos em um filósofo que não permite ser refutado, não acreditamos na calma do estoico e nem mesmo almejamos a postura inabalável, pois é o nosso próprio ser-humano que nos faz entrar em situações de paixão e medo, que nos permite experimentar sob lágrimas e júbilo o que é. Portanto: é só nos erguendo do atrelamento às moções afetivas e não pela sua eliminação que chegamos a nós mesmos. Por isso, devemos criar coragem e ousar sermos seres humanos e depois fazermos o que pudermos para ali avançarmos em direção à nossa independência realizada. Então, sofreremos sem reclamar, iremos nos desesperar sem afundarmos, seremos sacudidos sem, no entanto, sermos derrubados, se formos acolhidos por aquilo que floresce em nós como independência interior.

Mas filosofar é a escola dessa independência, e não a posse da independência.

11
Levando uma vida filosófica

Se a nossa vida não quiser se perder em distrações, ela precisa se encontrar em uma determinada ordem. No cotidiano, ela precisa do suporte de um Englobante, ganhar coesão na construção de trabalho, realização e momentos culminantes, e aprofundar-se na repetição. Então, a vida será perpassada ainda no trabalho de um fazer sempre igual por uma atmosfera que sabe estar atrelada a um sentido. E aí estaremos como que acolhidos por uma consciência de mundo e por uma autoconsciência, teremos o nosso chão na história à qual pertencemos, e na própria vida por meio da lembrança e da fidelidade.

Uma tal ordem pode chegar até o indivíduo a partir do mundo em que nasceu, da Igreja que molda e anima os grandes passos do nascimento até a morte e os pequenos do cotidiano. O indivíduo, então, por sua própria espontaneidade, adquire o que lhe é visível e presente diariamente em seu entorno. O que é diferente em um mundo em esfacelamento, em que sempre se acredita menos no legado, em um mundo que se mantém apenas enquanto ordem externa, que permanece sem simbologia nem transcendência, que deixa a alma vazia, que não satisfaz o indivíduo, mas que, quando o mundo o liberta, o deixa entregue a si mesmo em desejos e monotonia, em medo e indiferença. Então, ele depende apenas de si mesmo. No modo filosófico de vida, busca se reconstituir a partir das próprias forças, algo que o entorno não lhe oferece mais.

A vontade de levar uma vida filosófica parte da escuridão em que o indivíduo se encontra, do estar perdido quando, sem amor, como que fita o vazio, do autoesquecimento em meio a ser consumido pelo trabalho, quando de repente desperta, se assusta e se pergunta: o que sou, o que estou perdendo, o que devo fazer?

Aquele autoesquecimento é estimulado pelo mundo técnico. Organizado pelo relógio, subdividido em trabalhos absorventes ou vazios, que cada vez menos preenchem o ser-humano em sua humanidade, o leva ao extremo em que se sente como uma parte da máquina, que alternadamente é usada aqui e acolá e, quando liberto, não é nada e não sabe o que fazer consigo mesmo. E, quando ele mal começa a chegar a si, o colosso desse mundo quer voltar a puxá-lo para dentro, para junto daquele maquinário que tudo devora, maquinário de trabalho vazio e de diversão vazia no tempo livre.

Mas a tendência ao autoesquecimento já está embutida em nós. É necessário um arrancar-se-para-fora para não se perder diante do mundo, dos hábitos, de obviedades irrefletidas, de plataformas fixas.

Filosofar é escolher o despertar da fonte original, encontrar o caminho de volta para nós mesmos, em busca do auxílio que vem da própria interioridade. Mas se desejamos nos engajar em uma vida filosófica, não podemos nos satisfazer com o atendimento das demandas diárias. Devemos considerar o simples trabalho em cujos objetivos mergulhamos na estrada do autoesquecimento como omissão e culpa. E levar uma vida filosófica significa também encarar com seriedade nossa experiência humana, de felicidade e tristeza, de sucesso e fracasso, de obscuridade e confusão. Não se trata de esquecer, mas de possuir a nós mesmos, a nossa experiência, não nos deixando distrair, refletindo extensamente sobre os problemas, sem assumir a garantia de sua solução, mas buscando elucidá-los. Isso é levar uma vida filosófica. Ela segue dois caminhos: na solidão, a *meditação* por meio de todo tipo de contemplação – e com o homem, a *comunicação* por intermédio de todo tipo de entendimento mútuo por meio do agir em conjunto, falar um com o outro, calar um com o outro.

Imprescindíveis para nós, humanos, são os momentos diários de profunda contemplação. Certificamo-nos, para que o presente da origem não desapareça totalmente em meio à dispersão inevitável do dia.

O que as religiões executam no culto e na oração tem um análogo filosófico no aprofundamento expresso, na introspecção em si para o próprio Ser. Isso precisa acontecer em tempos e momentos em que não estamos ocupados para fins do mundo, e nos quais, no entanto, não permanecemos vazios, mas tocamos justamente no essencial, seja no início do dia, no fim do dia, ou em momentos intermediários.

A introspecção filosófica, diferente da cúltica, não tem um objeto sagrado, nem um local sagrado, nem uma forma fixa. A organização que fizermos para ela não se transforma em regra, continuando a ser possibilidade em movimento livre. A contemplação, diferente da comunidade cúltica, é solitária.

Qual é o possível conteúdo de uma tal contemplação?

Primeiro, *a autorreflexão*. Eu resgato o que fiz ao longo do dia, o que pensei, o que senti. Examino o que estava errado, em quais circunstâncias não fui verdadeiro comigo mesmo, quando quis me desviar, quando não fui honesto. Vejo em que concordo comigo e em que quero melhorar. Conscientizo-me do controle que exerço sobre mim mesmo e como o mantenho ao longo do dia. Eu emito juízos sobre mim – em relação ao meu comportamento individual, não em relação ao todo inacessível que sou – e encontro princípios pelos quais quero me guiar, talvez fixe palavras que, em momentos de raiva, de desespero, de ócio e outros autoesquecimentos eu queira dizer a mim mesmo, como se fossem palavras mágicas que me fazem lembrar (por exemplo: de me conter, de pensar no outro, de esperar, de que Deus é). Aprendo com a tradição, que começa pelos pitagóricos, passando pelos estoicos e cristãos até Kierkegaard e Nietzsche, com suas exigências de autorreflexão e a experiência de sua impossibilidade de ser finalizada, bem como da ilimitada capacidade de ilusão.

Segundo, *a introspecção transcendente*. A partir do fio condutor de processos filosóficos de pensamento, certifico-me do Ser de fato, da deidade. Leio as cifras do Ser com auxílio da poesia e da arte. Torno-as compreensíveis para mim pela visualização [*Vergegenwärtigung*] filosófica. Busco certificar-me do independente do tempo ou do eterno no tempo, procuro tocar a origem de minha liberdade e, por meio dela, o próprio Ser; busco adentrar a profundidade do chão como se fosse uma cumplicidade com a criação.

Terceiro, contemplamos aquilo que precisa ser feito no presente. A lembrança da própria vida em comunidade é o pano de fundo no qual a tarefa atual se torna clara, até as minúcias desse dia, quando na incessante intensidade do pensar utilitário eu perco o sentido englobante.

O que ganho na contemplação para mim mesmo é – se fosse tudo – como se não tivesse ganhado.

O que não se concretiza em comunicação ainda não é o que no fim se origina nela, não tem chão suficiente. A verdade começa a se bipartir.

Por isso, a Filosofia exige o seguinte: buscar a comunicação constantemente, ousá-la sem barreiras, entregar-se à minha birrenta autoafirmação que sempre se insinua em disfarces sempre diferentes, viver na esperança de que me serei dado novamente de presente de modo imponderável a partir da entrega.

Por isso, preciso permanecer em dúvida constantemente, não posso me tornar seguro, nem me segurar em um ponto supostamente firme dentro de mim, que me ilumine de forma confiável e me julgue de forma verdadeira. Essa certeza de si é a maneira mais sedutora da autoafirmação inverídica.

Se eu executar a contemplação na forma tríplice – autorreflexão, contemplação transcendente, conscientização da tarefa – e me abrir em comunicação ilimitada, terei presente de forma imponderável aquilo que nunca conseguirei forçar: a clareza de meu amor, a exigência oculta e sempre insegura da deidade, a revelação do Ser – e com isso talvez a quietude na permanente inquietação da nossa vida, a confiança no fundamento das coisas apesar da terrível desgraça, a firmeza da decisão diante das oscilações das paixões, a confiabilidade da fidelidade nas sedutoras instantaneidades deste mundo.

Se na contemplação percebo o Englobante a partir do qual eu vivo e posso viver melhor, então a contemplação irradia como a sensação de base que me sustenta ao longo do dia nas infinitas atividades até mesmo quando estou sendo arrastado pelas engrenagens técnicas. Pois este é o sentido dos momentos, em que verdadeiramente volto para mim mesmo, para que seja adquirida uma postura de base que ainda permaneça viva e me vincule por detrás de todas aquelas atmosferas e movimentos do dia, e que em caso de descarrilamento, confusões e afetos não me deixa afundar totalmente no sem-chão. Pois é por intermédio dele que no presente ao mesmo tempo há também lembrança e futuro, algo que mantém coeso e é duradouro.

Depois, o filosofar é, simultaneamente, aprender a viver e saber morrer. Por conta da insegurança do estar-aí no tempo, a vida é um constante tentar.

Nesse tentar, o principal é arriscar entrar na vida, expor-se também a extremos e não ocultar isso, deixar agir a integridade ilimitada no ver, no perguntar e no responder. E depois seguir o seu caminho, sem saber o todo, sem ter concretamente à mão o que, de fato, é, sem deixar que falsos argumentos ou experiências ilusórias nos forneçam um visor que nos permitiria enxergar objetivamente do mundo para a transcendência, sem ouvir qualquer palavra direta e inequívoca de Deus; pelo contrário, ouvir as cifras da linguagem sempre polissêmica das coisas e ainda assim viver com a certeza da transcendência.

É apenas a partir daí que nesse estar-aí questionável a vida fica boa, o mundo torna-se bonito e o próprio estar-aí fica gratificante.

Se o filosofar for aprender a morrer, então esse saber morrer é justamente a condição para a vida correta. Aprender a viver e saber morrer são a mesma coisa.

A contemplação ensina o *poder do pensamento*.

Pensar é o início do ser-humano. No correto reconhecer dos objetos, experimento o poder do racional, tal como nas operações de cálculo, no conhecimento experiencial da Natureza, no planejamento técnico. A força propulsora da lógica nas conclusões, o discernimento das consequências causais e a concretude física da experiência são maiores conforme mais puro se tornar o meu método.

Mas o filosofar começa nos limites desse conhecimento do intelecto. A impotência do racional naquilo que realmente nos importa: no estabelecimento dos objetivos e últimos fins, no conhecimento do bem maior, no conhecimento de Deus e da liberdade humana, desperta um pensar que, com os recursos do juízo, é mais que intelecto. Por isso, o filosofar chega aos limites do conhecimento do intelecto [*Verstandeserkenntnis*] para se acender.

Quem pensa perceber tudo, não filosofa mais. Quem toma o estar-a-par pelas ciências como o próprio conhecimento do Ser e como um todo, sucumbiu a uma superstição científica. Quem não se espanta mais, não pergunta mais. Quem não conhece mais nenhum mistério, não procura mais. Com a decisão de base nos limites das possibilidades do conhecimento, o filosofar conhece a plena abertura para aquilo que se mostra de forma incognoscível nos limites do conhecimento.

Nessas fronteiras cessa o (re)conhecimento [*Erkennen*], mas não o pensar. Com o meu conhecimento, posso agir externamente com a aplicação técnica, mas no não conhecimento é possível um agir interior, no qual eu me transformo. Aqui evidencia-se outro e mais profundo poder do pensamento, que não se dirige mais, liberto que está, a um objeto concreto, mas cuja execução está no mais íntimo do meu Ser, em que pensar e Ser tornam-se a mesma coisa. Esse pensar na forma de agir interior, se for medido a partir do poder externo do Técnico, é como se não fosse nada, não pode ser conquistado como aplicação prática do meu conhecimento, não pode ser feito de acordo com intenção e planejamento, mas na verdade é o Aclaramento e o Tornar-se-essencial junto numa coisa só.

A compreensão (*ratio*) é o grande ampliador de nossos horizontes que fixa os objetos materiais, que desfralda as tensões do-que-é e que também torna poderoso e claro tudo o que não é tangível pela razão. A clareza da razão possibilita a clareza das fronteiras, transformando-se no despertador dos impulsos de fato, que são uma coisa só no pensar e fazer, no agir interior e exterior.

Exige-se do filósofo que viva conforme o que prega. Esta frase expressa mal o que ela intencionava, pois o filósofo não tem uma doutrina no sentido de prescrições sob as quais os casos específicos do estar-aí real se reúnam, tal como as coisas se agrupam sob espécies empiricamente conhecidas, ou fatos sob normas jurídicas. Pensamentos filosóficos podem ser aplicados, na verdade são a realidade da qual se pode dizer: ao executar esses pensamentos, o ser-humano vive por si só ou: a vida é atravessada pelo pensamento. Por isso, a inseparabilidade entre Ser-humano e filosofar (diferente da separabilidade do homem de seu conhecimento) e a necessidade de não apenas pensar um pensamento filosófico, mas com esse pensamento entender ao mesmo tempo o Ser-humano filosófico que o pensou.

A vida filosófica está constantemente na iminência de se perder em *perversões*, para as quais os próprios preceitos filosóficos são usados como justificativa. As reivindicações da vontade de estar-aí ocultam-se em fórmulas de aclaramento da existência:

A calma transforma-se em passividade, a confiança em fé ilusória na harmonia de todas as coisas, o saber morrer em fuga do mundo, a razão em indiferença em que tudo vale. O melhor inverte-se para o pior.

A vontade de comunicação engana-se em ocultamentos contraditórios: quer-se estar protegido, mas mantém-se a reivindicação por certeza absoluta de si no autoesclarecimento. Anseia-se por desculpas em decorrência de seus nervos, mas reivindica-se ser reconhecido como livre. Pratica-se o cuidado, o silenciar e a defesa oculta, enquanto se pronuncia a disponibilidade incondicional para a comunicação. Pensa-se em si mesmo, enquanto se acredita estar falando do assunto.

A vida filosófica, que quer entender e superar essas inversões dentro de si, sabe-se na incerteza, que por isso procura constantemente a crítica, que busca o adversário e anseia por questionamento, que quer ouvir, não para se submeter, mas para ser impulsionado para a frente no seu próprio autoaclaramento. Essa vida encontra verdade e confirmação não buscada na resultante harmonia com o outro, quando toda a abertura e falta de consideração estavam na comunicação.

O filosofar deve até deixar insegura a possibilidade de comunicação plena, mesmo que viva a partir da fé na comunicação e que arrisque isso. Pode-se acreditar nela, mas não a conhecer. Perdeu-se a comunicação, quando se julga estar em seu poder, pois são os limites terríveis que nunca são reconhecidos pelo filosofar como definitivos: o deixar-cair-no-esquecimento, o aceitar e reconhecer do não aclarado. Ah, falamos tanto, quando aquilo que é importante pode ser dito de forma tão simples, não em uma frase generalizante, mas em um signo da situação concreta.

Onde houver as inversões e os enredamentos e as confusões, o homem moderno chama pelo médico que trata dos nervos. De fato, há doenças físicas e neuroses que estão relacionadas à nossa condição anímica. Percebê-las, conhecê-las, lidar com elas faz parte do comportamento realista. A instância humana do médico não deve ser contornada quando o médico realmente conhecer e souber algo com base em sua experiência crítica. Mas hoje surgiu algo com base na Psicoterapia, que não é mais assunto médico com base na ciência médica, mas que é filosófico e que por isso necessita de exame ético e metafísico, como todo esforço filosófico.

O objetivo de levar uma vida filosófica não pode ser formulado como um estado possível de ser alcançado e, com isso, completo. Nossos estados são apenas a manifestação do esforço constante da nossa existência ou de seu fracasso. Nossa essência é estar-a--caminho. Queremos atravessar o tempo. Isso só é possível nas polaridades:

• Só existindo totalmente neste tempo da nossa historicidade é que experimentamos um pouco do eterno presente.

• Só como pessoas determinadas nesta figura é que nos asseguramos do ser-humano como tal.

• Só quando experimentamos a própria época como nossa realidade englobante é que podemos perceber essa época no Uno da história, e nesta, a eternidade.

Em nossa jornada ascensional, a fonte primordial torna-se mais clara para nós por trás de nossos estados empíricos, mas há sempre o perigo de um retorno à obscuridade.

Essa elevação da vida filosófica é sempre a de cada um. Como indivíduo, ele precisa executar a comunicação, sendo que não se pode empurrar para outros.

Conquistamos a elevação apenas nos atos historicamente concretos da nossa vida, e não pela escolha de uma chamada visão de mundo comunicada em preceitos.

Finalizando, vamos caracterizar a situação filosófica no tempo com uma alegoria:

Após o filósofo ter se orientado no chão seguro da terra firme – na experiência realista, em ciências específicas, em doutrinas de categorias e de métodos – e nos limites dessa terra ter percorrido o mundo das ideias em trajetos tranquilos, por fim ele bate asas às margens do oceano como uma borboleta, ansiando sair para a água, buscando com o olhar um navio no qual ele possa sair em viagem de descobertas para desvendar o Uno, que é presente em sua existência como transcendência. Ele procura o navio – o método do pensar filosófico e o modo filosófico de vida –, o navio que ele vê, mas não alcançou definitivamente; então, ele se esforça e talvez faça os mais curiosos movimentos cambaleantes.

Nós somos essas borboletas e ficamos perdidos quando desistimos da orientação em terra firme. Porém, não ficamos satisfeitos em permanecer ali. Por isso, o nosso bater de asas é tão inseguro e talvez seja tão ridículo para aqueles que estão seguros em terra firme e satisfeitos, sendo compreensível apenas para aqueles tomados pela inquietude. Para eles, o mundo torna-se ponto de partida para aquele voo, do qual tudo depende, que cada um deve empreender por si próprio e arriscar fazer em comunidade e que como tal nunca poderá ser objeto de uma doutrina de fato.

12
História da Filosofia

A Filosofia é tão antiga quanto a Religião e anterior a todas as igrejas. Ela nem sempre, mas na maioria das vezes mostrou-se apta a fazer frente ao mundo eclesiástico graças à grandeza e à pureza de suas manifestações humanas individuais e pela veracidade de seu espírito, sendo que a Igreja a confirma enquanto o que é diferente, o que é outro. Mas, diante dela, a Filosofia é impotente, por falta de uma configuração sociológica própria. Ela vive sob a proteção ocasional de poderes no mundo, até mesmo de poderes eclesiásticos. Ela precisa de situações sociológicas propícias para mostrar objetivamente seu trabalho. Sua realidade de fato está aberta a qualquer pessoa a todo o tempo; ela é onipresente sob qualquer configuração em que haja pessoas.

As igrejas são para muitas pessoas, a Filosofia é para poucos. As igrejas são organizações de poderes visíveis das massas humanas no mundo. A Filosofia é expressão de um reino dos espíritos, que estão associados uns aos outros por meio de todos os povos e épocas, sem instância no mundo que exclua ou acolha.

Enquanto as igrejas estiverem associadas ao Eterno, seu poder externo estará, ao mesmo tempo, realizado a partir do mais íntimo da alma. Quanto mais elas colocarem o Eterno a serviço de seu poder no mundo, mais sinistro irá se mostrar esse poder que, como qualquer outro, se tornará maléfico.

Enquanto a Filosofia tocar a verdade eterna, ela inspirará sem violência, trará ordem à alma a partir de sua origem mais íntima. Contudo, quanto mais ela colocar sua verdade a serviço de poderes temporais, mais ela seduzirá em direção ao autoengano em interesses do estar-aí e à anarquia da alma. E, finalmente, quanto mais ela quiser ser apenas ciência, mais vazia ela será, como uma brincadeira, que não é nem Ciência, nem Filosofia.

A Filosofia independente não chega ao indivíduo por si só. Ninguém nasce com ela. Ela precisa sempre ser readquirida. Ela só pode ser adotada por aquele que a vislumbra a partir de sua própria origem. Mesmo o primeiro olhar evanescente sobre ela poderá inflamar o indivíduo. A esta inflamação pela Filosofia segue-se o estudo da Filosofia.

E isso se dá de três maneiras: *no aspecto prático,* a cada dia no agir interior; *no aspecto objetivo* ao experimentar os conteúdos, pelo estudo das ciências, das categorias, dos métodos e das sistemáticas; *no aspecto histórico,* pela apropriação da tradição filosófica. O que na igreja é a autoridade, para aquele que filosofa é a realidade, que fala com ele a partir da história da Filosofia.

Se nos voltarmos para a história da Filosofia em nome do interesse pelo próprio filosofar atual, a amplitude do horizonte nunca será suficiente.

A variedade das manifestações filosóficas é extraordinária. Os Upanishads foram concebidos nos vilarejos indianos e nas florestas indianas, abscônditos do mundo em solidão ou em convívio intenso de professor e aluno. Kautylia pensava como ministro que fundava um reino, Confúcio pensava como professor que queria devolver a seu povo a educação e a verdadeira realidade política; Platão pensava como aristocrata, a quem parecia impossível a atividade política em sua comunidade, a ele destinada pela origem, por causa de sua decadência moral; Bruno, Descartes, Spinoza pensavam como homens que contavam só consigo mesmos, que, no pensar solitário, queriam desvendar para si a verdade; Anselmo pensava como cofundador da realidade eclesiástico-aristocrática; Thomas, como membro da Igreja; Nicolau de Cusa, o cardeal, em unidade com sua vida eclesiástica e filosófica; Maquiavel, como estadista fracassado; Kant, Hegel, Schelling como professores em associação à sua atividade docente.

Precisamos nos libertar da ideia de que filosofar em si e essencialmente seja uma atividade para professores acadêmicos. É um assunto dos homens, ao que parece, sob todas as condições e circunstâncias, tanto do servo quanto do governante. Entendemos a manifestação histórica do verdadeiro apenas no mundo em que ela surgiu, e no destino dos homens que a pensaram. Se essas manifestações forem distantes e estranhas à nossa, elas se tornarão esclarecedoras para nós justamente por isso. Precisamos procurar o pensamento filosófico e o pensador em sua realidade física. O verdadeiro não flutua solto no ar da abstração, por si só, sustentando a si mesmo.

Conquistamos o contato com a história da Filosofia quando, ao estudarmos em profundidade uma obra juntamente com o mundo em que ela surgiu, estivermos o mais próximo possível dele.

Mas, a partir daí, buscamos aspectos que nos sejam colocados visivelmente diante dos olhos, com uma estrutura do Todo histórico do filosofar, algo questionável, é verdade, mas que serve de diretriz para a orientação nos espaços amplos.

O Todo da história da Filosofia de dois milênios e meio é como um único grande momento do conscientizar-se do homem. Esse instante é, ao mesmo tempo, a discussão infinita, mostra as forças em confronto, as questões que parecem insolúveis, as obras sublimes e as derivações, profunda verdade e um turbilhão de enganos.

No conhecimento histórico-filosófico, buscamos o esquema de uma moldura, no qual os pensamentos filosóficos têm seu local histórico. Só uma história mundial da Filosofia mostra como a Filosofia surgiu historicamente, nos mais diferentes estados sociais e políticos e nas mais variadas situações pessoais.

Desenvolvimentos do pensamento autônomos em si ocorrem na China, na Índia e no Ocidente. Apesar de ligações ocasionais, a separação desses três mundos é tão incisiva até perto do nascimento de Cristo, que cada um deles deve ser compreendido a partir de si mesmo. Mais tarde, a maior influência será a do Budismo surgido na Índia sobre a China, comparável à do Cristianismo sobre o Ocidente.

Nos três mundos, o desenvolvimento possui uma curva análoga. Depois de uma pré-história difícil de ser aclarada, os pensamentos fundamentais surgem em todos os lugares na era axial (800-200 a.C.). Depois disso, seguem-se uma dissolução e a consolidação das grandes religiões salvacionistas, seguem-se renovações sempre recorrentes, seguem-se sistemas resumidores, desenvolvidos sistematicamente (Escolástica) e especialmente especulações lógicas levadas ao extremo sobre o sentido metafísico sublime.

Essa divisão tipológica sincrônica do tríplice desenvolvimento adquire sua especificidade no Ocidente em primeiro lugar por um movimento muito mais forte, que se renova em crises e desenvolvimentos espirituais, em segundo lugar pela variedade das línguas e povos que expressam os pensamentos, e em terceiro pelo desenvolvimento ímpar da ciência.

A Filosofia ocidental divide-se historicamente em quatro áreas subsequentes:

Primeiro: *A Filosofia grega*. Ela trilhou o caminho do *mythos* ao *logos*, criou os termos fundamentais do Ocidente, as categorias e possíveis posições fundamentais ao se inventar pensando o todo de Ser, Mundo e Homem. Para nós, permanece o reino da tipicidade do simples, e devemos preservar a clareza apropriando-nos dele.

Segundo: *A Filosofia cristã medieval*. Ela trilhou o caminho da religião bíblica até a sua compreensão em pensamento, da Revelação à Teologia. Nela, não cresceu apenas a Escolástica preservadora e educadora. Por meio de pensadores criadores veio à tona um mundo que originalmente é religioso e filosófico em conjunto, principalmente como vemos em Paulo, Agostinho e Lutero. Resta-nos manter vivo para nós o mistério do Cristianismo nesta ampla área do pensamento.

Terceiro: *Filosofia europeia moderna*. Ela surgiu com a Ciência Natural moderna e a nova independência pessoal do homem diante de toda e qualquer autoridade. Kepler e Galilei de um lado, Bruno e Spinoza do outro, representam os novos caminhos. Para nós, está ali a certeza do sentido da verdadeira Ciência – que ao mesmo tempo também foi invertido desde o início – e do sentido da liberdade pessoal da alma.

Quarto: *A Filosofia do Idealismo alemão*. De Lessing e Kant a Hegel e Schelling há um caminho de pensadores que, em termos de profundidade contemplativa, talvez supere tudo o que até então fora pensado no Ocidente. Sem o pano de fundo de uma grande realidade de Estado e Sociedade, em um estar-aí privado e oculto, preenchido pelo Todo da história e do Cosmo, rico em arte especulativa do pensamento e em visões dos conteúdos humanos, eles erigiram suas grandes obras, com teor de mundo, sem um mundo real. Resta para nós conquistar neles a profundidade e amplidão possíveis, que sem eles estariam perdidas.

Até o século XVII e ainda depois dele, todo o pensamento no Ocidente estava sob o comando da Antiguidade, da Bíblia, de Agostinho. Isso começa a mudar aos poucos a partir do século XVIII. Acredita-se ser possível fundar-se apenas em sua própria razão, sem a história. Enquanto ia desaparecendo o pensar tradicional como força eficaz, crescia um conhecimento histórico douto da história da Filosofia, mas limitado a círculos muito restritos. Hoje, pode-se conhecer todo o pensamento tradicional mais facilmente, disponível em edições e obras de consulta, muito mais do que em qualquer época anterior.

Desde o século XX aumentou o esquecimento daqueles fundamentos milenares, em benefício de um conhecimento e de um saber técnico, de uma superstição da Ciência, de metas ilusórias do aquém, de falta passiva de pensamentos.

Já desde meados do século XIX surge a consciência do fim, bem como a questão de como então ainda seria possível a Filosofia. A continuidade da Filosofia moderna nos países ocidentais, a Filosofia dos Acadêmicos na Alemanha, que conservava historicamente o grande legado, não podia esconder o fim de uma forma milenar de manifestação da Filosofia.

Os filósofos da época são Kierkegaard e Nietzsche, figuras de um tipo que nunca existiu antes, estando aparentemente associados à crise daquela época; intelectualmente muito distante deles também estava Marx, que a todos superou com o efeito em massa.

Um pensar em seu extremo é possível, aquele que tudo questiona, para chegar à mais profunda origem, e que se livra de tudo para abrir a visão para a existência, o incondicional, a presença [*Gegenwärtigkeit*], em um mundo radicalmente transformado pela era técnica.

Tais panoramas são desenvolvidos considerando a totalidade da história da Filosofia. Eles são superficiais. Queremos perceber relações mais profundas no todo. Foram experimentadas as seguintes questões, por exemplo:

Primeiro: A questão da unidade da história da Filosofia. Essa unidade não é fato, mas ideia. Buscamos essa unidade, mas alcançamos apenas unidades particulares.

Vemos, por exemplo, desdobramentos particulares de problemas (como a questão da relação corpo-alma), mas os fatos históricos só em parte coincidem cronologicamente com uma construção de raciocínio consequente. Podem ser mostradas sequências de sistemas, como a construção da Filosofia alemã, depois de toda a Filosofia, voltadas para Hegel, tal como ele a via. Mas uma tal construção é violadora, não vê o que a partir de um filosofar anterior é fatal para o pensamento hegeliano, e que para este, portanto, é inexistente, além de ignorar o que para o outro pensar era justamente o essencial. Nenhuma construção da história da Filosofia como sequência consequente e sensata de posições coincide com os fatos históricos.

Toda moldura construtiva de um esboço de unidade será anulada pela genialidade do filósofo individual. No vínculo factual a contextos comprováveis, permanece sempre o incomparável de tudo que é grande, que sempre está aí como um milagre diante da evolução compreensível.

A ideia de unidade da história da Filosofia quer abarcar aquela Filosofia eterna que, como vida coerente em si, quer criar para si historicamente os seus órgãos e estruturas, suas roupas e ferramentas, mas que não se realiza nelas.

Segundo: *A questão do início e seu significado.* Início é o pensar que parte de uma única vez no tempo. Origem é o verdadeiro que a todo tempo serve de fundamento.

A partir dos mal-entendidos e das inversões do pensamento, teremos que voltar à origem a todo tempo. Em vez de buscá-la no fio condutor dos textos legados, plenos de conteúdo, a caminho do próprio e genuíno filosofar, surge a confusão: de que no início cronológico encontraremos a origem; foi assim nos primeiros filósofos pré-socráticos, no primeiro Cristianismo, na primeira doutrina budista. O caminho até a origem, sempre necessário a todo tempo, erroneamente adota a forma do caminho para descobrir os inícios.

Os inícios ainda alcançáveis para nós contêm uma grande magia, é bem verdade. Mas um início absoluto de fato não é encontrável. Aquilo que é início para a nossa tradição é relativo, o que em si já é sempre um resultado de pressupostos.

Portanto, um princípio da presentificação [*Vergegenwärtigung*] histórica é nos atermos ao que realmente está lá nos textos autênticos legados a nós. A contemplação histórica concede apenas o aprofundar-se no que foi preservado. É um esforço inócuo acrescentar o que se perdeu, construir o precedente, preencher as lacunas.

Terceiro: *A questão do desenvolvimento e do progresso na Filosofia.* Podem ser observadas sequências de figuras na história da Filosofia, por exemplo o caminho de Sócrates a Platão e Aristóteles, o caminho de Kant a Hegel, de Locke a Hume. Mas já essas sequências são falsas, se acharmos que o posterior teria mantido e superado a verdade do anterior. Aquilo que é novo em cada caso, mesmo em tais sequências geracionais coerentes, também não é compreendido mais a partir do que veio antes. O essencial no que veio antes muitas vezes é abandonado, talvez não seja nem mesmo compreendido.

Há mundos de intercâmbio de ideias, que se mantêm por algum tempo e nos quais o pensador individual pronuncia a sua palavra, assim como a Filosofia grega, a Escolástica, o "movimento filosófico alemão" de 1760 a 1840. São eras de um estar-junto vivo no pensar original. E há outras eras em que a Filosofia perdura enquanto fenômeno de formação; e ainda outras em que ela parece quase desaparecida.

Causador de confusão é o aspecto de um desenvolvimento total da Filosofia como processo progressista. A história da Filosofia assemelha-se à história da Arte pela impossibilidade de substituição e unicidade de suas obras mais elevadas. Ela se assemelha à história da Ciência no sentido de que categorias e métodos que se multiplicam são suas ferramentas, e são usadas de modo mais consciente. Ela se assemelha à história da Religião por uma sequência de posturas genuínas de fé, que nela se expressam em pensamento.

A história da Filosofia também tem as suas eras criativas. Mas a Filosofia a todo tempo é um traço essencial do ser-humano. Desviando de outra história das Ideias, em supostas épocas de declínio de repente pode surgir um filósofo de primeira linha. Plotino no século III, Scoto Erígena no século IX são figuras isoladas, são ápices únicos. Com o material de seus pensamentos, eles estão associados à tradição, e em todos os pensamentos individuais talvez sejam dependentes, trazendo, mesmo assim, uma nova e grande determinação fundamental como um todo.

Por isso, na Filosofia nunca é permitido dizer em relação à sua essência que ela acabou. Em toda catástrofe, talvez a Filosofia permaneça sempre como o pensar efetivo de indivíduos, imprevisível também em obras solitárias de épocas normalmente infrutíferas intelectualmente. A Filosofia é como a Religião, em qualquer tempo.

Para a história da Filosofia, o desenvolvimento é um ponto de vista irrelevante, também porque toda grande Filosofia vive completa em si, inteira, autônoma e sem relação com uma verdade histórica mais abrangente. A Ciência trilha um caminho em que cada passo será superado por outro posterior. A Filosofia, de acordo com seu próprio sentido, deverá se tornar plena em cada pessoa individualmente. Por isso, não faz sentido tornar os filósofos subalternos como passos em um caminho, como etapas anteriores.

Quarto: *A questão da hierarquia.* O filosofar, em cada pensador individual e em percepções típicas de época, terá consciência de seu lugar na hierarquia. A história da Filosofia não é um campo nivelado de inúmeras obras e pensadores com direitos iguais. Há conexões de sentido que só conseguirão ser atingidos por poucos. E há principalmente pontos altos, sóis no exército das estrelas. Mas isso tudo não existe de um modo que seja uma única hierarquia definitiva e válida para todos.

Existe uma enorme distância entre o que todos pensam em determinada época e o teor das obras filosóficas criadas nessa mesma época. Aquilo que o bom-senso de todos considera óbvio também pode ser expresso enquanto Filosofia como o infinitamente interpretável das obras dos grandes filósofos. A serenidade da percepção [*Einsicht*] limitada de uma satisfação com o mundo visto por ela, depois o anseio pela amplidão, em seguida o estar-postado--na-fronteira que questiona – tudo isso é Filosofia.

Chamamos a história da Filosofia de análoga à autoridade da tradição religiosa. No filosofar, não temos livros canônicos como nas Religiões, não temos uma autoridade que seria fácil de seguir, nem um caráter definitivo da verdade que aí está. Mas a totalidade da tradição histórica do filosofar, esse *depositum* de verdade inesgotável, mostra os caminhos para o filosofar do presente. A tradição é a profundidade da verdade já pensada, vislumbrada com expectativa incessante, é a inescrutabilidade das poucas grandes obras, é a realidade dos grandes pensadores aceita com devoção.

A essência dessa autoridade é que não se pode obedecer a ela univocamente. A tarefa é chegar a si mesmo por meio dela, em uma certeza própria, é reencontrar em sua origem a própria origem.

É só a partir da seriedade do filosofar do presente que poderá dar certo um contato com a Filosofia eterna em manifestação histórica. A manifestação histórica é o meio para a união na profundidade, culminando num presente conjunto.

Portanto, a pesquisa histórica se dá em níveis de proximidade e distância. Aquele que filosofa zelosamente sabe com o que está lidando em cada caso quando pesquisa nos textos. Os primeiros planos precisam se tornar claros e se transformar em posse segura de conhecimento compreensivo. Mas sentido e ápice da penetração histórica são os instantes da conformidade na origem. É aí que brilhará o que vai dar sentido a todas as pesquisas de primeiros planos e que, ao mesmo tempo, as levará à unidade. Sem esse meio da origem filosófica, toda a história da Filosofia, por fim, será relato de uma cadeia de enganos e curiosidades.

Assim, depois de ter me despertado, a história se torna espelho do que é próprio em mim: na sua imagem, olho para o que eu mesmo penso.

A história da Filosofia – um espaço em que respiro pensando – mostra modelos para a própria busca, em uma completude não imitável. Ela questiona por meio do que foi tentado dentro dela, do que deu certo e do que fracassou. Ela anima por meio do ser-humano visível de indivíduos em sua incondicionalidade na jornada de seu caminho.

Tomar uma Filosofia passada como nossa é tão pouco possível quanto produzir novamente uma velha obra de arte. Só se pode copiá-la aproximadamente. Não temos nenhum texto como os pios leitores da Bíblia, em que teríamos a verdade absoluta. Por isso, amamos os textos antigos, assim como amamos as obras de arte antigas, mergulhamos na verdade tanto daqueles quanto destas, recorremos a eles, mas permanece uma distância, algo inalcançável e inesgotável, com que de resto vivemos constantemente e, por fim, algo em que conseguimos o pulo para o filosofar presente.

Pois a Filosofia está essencialmente voltada para o presente. Temos apenas uma realidade, aqui e agora. Aquilo que deixamos passar pelo nosso desvio nunca mais voltará, mas, quando nos dissipamos, também perdemos o Ser. Cada dia é valioso: um instante pode ser tudo.

Nós nos descuidamos de nossa tarefa se nos perdemos em nosso passado ou em nosso futuro. Só a partir da realidade presente se tem acesso ao atemporal, só com a tomada do tempo chegamos aonde todo o tempo foi eliminado.

Orientações sobre o estudo da Filosofia (Anexos)

Se a Filosofia diz respeito ao ser-humano, então ela deveria se tornar facilmente compreensível de modo geral. Não os desdobramentos difíceis da sistemática filosófica, mas alguns pensamentos fundamentais deveriam ser comunicáveis também de forma sucinta. Eu queria que fosse possível que se sentisse algo da Filosofia que dissesse respeito a todos. Procurei fazê-lo sem me afastar do essencial, mesmo sendo essa tarefa intrinsecamente difícil. Nesse contexto, só poderia trazer um breve recorte dos caminhos da Filosofia. Muitos grandes pensamentos não chegaram a ser analisados nem em esboço. O objetivo foi motivar para a contemplação própria.

O leitor que, em meio à sua contemplação filosófica, buscar diretrizes terá aqui na sequência uma orientação que ajudará no aprofundamento de seus estudos.

Sobre o estudo da Filosofia

No filosofar, trata-se do incondicional, do verdadeiro, que se torna presente na vida real. Todo homem filosofa.

Mas intelectualmente e em contexto, esse sentido de modo algum é alcançável rapidamente. O pensar filosófico sistemático exige um estudo. Esse estudo se fecha em três caminhos:

Primeiro: *A participação na pesquisa científica.* Essa tem suas duas raízes nas Ciências Naturais e na Filologia e ramifica-se em uma variedade de disciplinas científicas, de difícil visualização. A partir da experiência nas ciências e seus métodos, seu raciocínio crítico adquire-se uma postura científica, que é pressuposto indispensável para a veracidade no filosofar.

Segundo: *O estudo de grandes filósofos.* Não se chega à Filosofia sem o caminho que passa por sua história. Para o indivíduo, esse caminho é praticamente uma escalada do tronco de grandes obras originais. Mas essa escalada só funciona a partir do impulso genuíno do estar-junto presente, a partir do seu próprio filosofar, que é despertado no estudo.

Terceiro: *A retidão cotidiana do modo de vida*, a seriedade das decisões cruciais e a adoção daquilo que eu fiz e experimentei.

Quem perder um dos três caminhos não alcançará um filosofar claro e verdadeiro. Por isso, as questões para cada um, ainda mais para cada jovem, são saber em que figura específica ele desejará trilhar esses caminhos; pois ele poderá compreender por conta própria apenas em uma pequena parte do possível nesses caminhos. As questões são as seguintes:

• Qual ciência específica eu quero tentar conhecer em profundidade e tecnicamente?

• Qual dos grandes filósofos eu vou querer não apenas ler, mas elaborar? Como quero viver?

A resposta só poderá ser encontrada por si mesmo. Ela não pode ser estabelecida como conteúdo apenas determinante, não podendo ser definitiva nem externa em sua determinação. Considerando que a juventude ainda precisa se manter no âmbito da possibilidade e da tentativa.

Por isso, vale o seguinte: enfrentar a questão de forma decidida, porém não petrificar, mas examinar e corrigir, no entanto não ao acaso e de forma aleatória, mas com o peso que surge quando todo o tentado permanece e continua agindo, e a consequência se torna uma construção.

Sobre a leitura filosófica

Quando leio, primeiramente quero entender o que o autor quis dizer. Mas, para saber qual a intenção, preciso entender não apenas a linguagem, mas a coisa [*die Sache*]. A compreensão depende da *expertise*.

No estudo filosófico, portanto, aparecem manifestações de base essenciais:

• Com a compreensão dos textos é que iremos adquirir a *expertise*. Por isso, precisamos pensar na própria coisa e ao mesmo tempo naquilo que o autor quis dizer. Uma coisa sem a outra torna a leitura inócua.

• Se, ao estudar um texto, eu refletir sobre o tema, acontecerá uma reformulação involuntária na compreensão. Por isso, para uma compreensão adequada, ambos são necessários: aprofundamento no tema e volta para a clara compreensão do sentido intencionado pelo autor. No primeiro caminho, eu adquiro a Filosofia; no segundo, a percepção histórica.

• Na leitura, inicialmente é necessária uma postura de base que lê a partir da confiança no autor e do amor pelo assunto por ele tratado, como se tudo que é dito no texto fosse verdade. Só quando me deixo arrebatar totalmente, quando estou presente e depois literalmente ressurjo do meio da coisa, é que pode surgir uma crítica que faça sentido.

- Em que sentido estudamos a história da Filosofia e nos apropriamos da Filosofia passada poderá ser abordado a partir do fio condutor das *três máximas kantianas*: o pensar autônomo; o pensar no lugar de todo o outro; o pensar em consonância consigo mesmo. Essas exigências são tarefas infinitas. Toda solução antecipatória, como se já a tivéssemos ou soubéssemos, é uma ilusão; estamos sempre a caminho para lá. A história nos ajuda nessa trilha.

- *O pensar autônomo* não resulta do vazio. Aquilo que nós mesmos pensamos precisa ser mostrado de fato para nós. A autoridade da tradição desperta em nós as origens pensadas *a priori* por meio do contato com elas nos primórdios e nos acabamentos do filosofar dado historicamente. Todo o estudo restante pressupõe essa confiança. Sem ela, não empenharíamos o esforço de estudar Platão, Kant.

- O filosofar próprio chega a subir apoiando-se nas figuras históricas. Ao compreendermos seus textos, nós mesmos nos tornamos filósofos. Mas, no seguir em confiança, essa apropriação não é obediência. Contudo, é no acompanhar que testamos a nossa própria essência. "Obediência", aqui, significa confiar na condução, e num primeiro momento considerá-la verdadeira; não devemos agora e a todo tempo nos intrometer com reflexões críticas, e por intermédio delas emperrarmos o verdadeiro caminhar sob a condução. Obediência significa ainda o respeito que não se permite a crítica barata, mas só aquela que se aproxima passo a passo do objeto, a partir de um trabalho próprio e abrangente, e que depois esteja à altura do objeto. A obediência encontra seu limite no fato de que só é reconhecido como verdadeiro o que no processo do pensar autônomo conseguiu se transformar em convicção própria. Nenhum filósofo, nem mesmo o maior, tem a posse da verdade. *Amicus Plato, magis amica veritas.*

- Só chegamos à verdade no pensar autônomo se nos esforçarmos incansavelmente para *pensarmos no lugar de todo o outro*. Precisamos conhecer o que é possível ao indivíduo. Se tentarmos pensar seriamente o que o outro pensou, ampliamos as possibilidades da nossa própria verdade, mesmo quando rejeitamos o pensar diferente. Só o conhecemos quando arriscamos nos colocar totalmente no lugar dele. O distante e o estranho, o extremo e a exceção, até mesmo o bizarro atraem, para não perder a verdade pela falta do genuíno, pela cegueira ou por não ver intencionalmente. Por isso, aquele que filosofa não se volta apenas para o filósofo inicialmente escolhido, que ele estudará como se fosse seu em profundidade, mas também para a história universal da Filosofia, para ficar sabendo o que foi e o que não foi pensado.

- Voltar-se para a história traz dispersão que resulta na multiplicidade e no não amarrado. A exigência de, a todo tempo, *pensar em consonância consigo mesmo* vai contra a tentação de se entregar por tempo excessivo à curiosidade e à fruição ao avistar o colorido. Aquilo que for absorvido historicamente deverá tornar-se estímulo; deverá nos tornar atentos e nos despertar, ou nos questionar. Não deverão existir lado a lado, indiferentes. Aquilo que na história factualmente ainda não foi posto em inter-relação e intercâmbio deverá ser colocado por nós em relação de atrito. Os elementos do mais-estranho-a-si [*das Sich-Fremdeste*] deverão ganhar uma relação de referência mútua.

- Tudo se reúne pelo fato de ser acolhido naquele Eu único do pensador. Chegar à consonância consigo mesmo significa impor o próprio pensar pelo fato de que o separado, o contrário, o-que--não-se-toca são relacionados a um Uno. A história Universal, apropriada de forma sensata, irá se transformar em uma unidade, embora sempre aberta. A ideia da unidade da história da Filosofia, sempre fracassando na realidade, é o que move para a frente na apropriação.

Representações da história da Filosofia

As apresentações têm objetivos muito diferentes:

• Coleções de toda a tradição, informações simples dos textos existentes, dos dados biográficos dos filósofos, das realidades sociológicas, das relações reais de dar a conhecer, do debate, dos desdobramentos ou desenvolvimentos comprováveis em passos palpáveis. Além disso, a reprodução referenciada dos conteúdos das obras, construção dos motivos, das sistemáticas e métodos nelas vigentes.

• Depois, a caracterização do espírito ou dos princípios de filósofos específicos e de épocas inteiras. Por fim, a concepção do panorama geral histórico até a história mundial da Filosofia como um todo.

• A apresentação da história da Filosofia necessita tanto da percepção filosófica quanto do filosofar-junto próprio. A concepção histórica mais verdadeira é necessariamente também o meu próprio filosofar.

• Hegel foi o filósofo que primeiro se apropriou filosoficamente de forma consciente e abrangente de toda a história da Filosofia. Nesse sentido, a sua *história da Filosofia* até hoje é o feito mais excepcional. Mas ela também é um procedimento que, graças aos próprios princípios hegelianos com a concepção profunda, também matava. Todas as Filosofias passadas, à luz de Hegel, por um momento aparecem como iluminadas por um holofote; mas depois, de repente temos que reconhecer que o pensar hegeliano praticamente extrai o coração de todos os filósofos passados, colocando o resto como cadáver em um caixão do imenso cemitério histórico. Hegel fechou as contas com todo o passado, porque acredita ter a supervisão. Sua perspicácia compreensiva não é um abrir imparcial, mas uma operação aniquilante; não é um questionar permanente, mas um conquistar subjugante; não é conviver, mas dominar.

• É aconselhável ler ao mesmo tempo várias apresentações da história lado a lado, para de antemão estar protegido de sucumbir a uma concepção como sendo a supostamente óbvia. Se lermos apenas uma concepção, sem querer o seu esquema acaba se impondo.

• Ademais, é aconselhável não ler nenhuma apresentação sem pelo menos ter amostras de leitura de textos originais do que foi apresentado.

• Por fim, as histórias da Filosofia são usadas como obras de consulta para orientação literária; principalmente a de Überweg. Para consulta, são úteis as enciclopédias.

Enciclopédias maiores

EISLER, R. *Handwörterbuch der Philosophie* [Dicionário Conciso de Filosofia]. Berlim 1913.

LALANDE, A. *Vocabulaire technique et critique de la philosophie* [Vocabulário técnico e crítico de Filosofia]. Paris 1928.

NOACK, L. *Historisch-biographisches Handwörterbuch der Philosophie* [Dicionário conciso histórico-biográfico de Filosofia]. Leipzig 1879.

Philosophenlexidon von Werner Ziegenfuss [Enciclopédia de Filosofia de *Werner Ziegenfuss*]. Berlim 1949.

Enciclopédias menores

BRUGGER, W. *Philosophisches Wörterbuch* [Dicionário filosófico]. Friburgo 1947.

KIRCHNER. *Wörterbuch der philosophischen Grundbegriffe* [Dicionário dos conceitos fundamentais de Filosofia], adaptado por Michaelis. Leipzig 1907 [Reedição e reformatação por Johannes Hoffmeister. Leipzig 1944].

METZKE, E. *Handlexikon der Philosophie* [Enciclopédia concisa de Filosofia]. Heidelberg 1948.

RUNES, D.D. *The Dictionary of Philosophy* [O Dicionário de Filosofia]. 4. ed. Nova York 1942.

SCHMIDT, H. *Philosophisches Wörterbuch* [Dicionário filosófico]. 9. ed. Leipzig 1934 [Ed. de bolso da Ed. Kröner].

A seguir, indico apenas listas de nomes – tanto para os historiadores quanto para os textos. Para edições, traduções, comentários, para os títulos e o conteúdo de cada uma das obras devem ser usados os recursos literários: além das enciclopédias, principalmente as obras históricas de Überweg e *Vorländer*.

Lista de apresentações da história da Filosofia

I – Filosofia ocidental

Gilson: Historiador moderno da Filosofia medieval de renome.

J. E. Erdmann: Na construção hegeliana dos fundamentos, análises pormenorizadas e excelentes em termos de objetividade.

Überweg: Obra de consulta sempre indispensável.

Vorländer: Informação para o iniciante.

Windelband: Panoramas elegantes sem profundidade, no estilo do século XIX em vias de terminar.

Zeller: Filosofia grega, obra rica em temas, clara e sagaz, não filosófica.

II – Índia e China

Índia

Deussen: Obra abrangente, com muitas traduções de textos indianos, pioneira, imbuída de Filosofia schopenhaueriana.

Strauss: Curto, panorâmico, informativo.

China

Forke: Obra abrangente. De referência. Relata sobre várias áreas até então desconhecidas no Ocidente.

Hackmann: Com um distanciamento objetivo, é mais apresentação externa.

Wilhelm: Tomado pelo entusiasmo.

Zenker: Obra mais curta, engenhosa e sagaz.

Textos

Todos os textos existentes da Filosofia ocidental, suas edições, seus comentários e suas traduções estão indicadas na obra de Überweg, e uma seleção útil mais curta encontra-se em Vorländer.

Para o estudo individual, o desejo é montar uma biblioteca limitada dos textos realmente essenciais. Uma lista para essa biblioteca sofrerá alterações pessoais. Mas um núcleo quase sempre tem validade geral. E, mesmo nele, as tônicas são diferentes, sendo que em nenhum lugar estará a tônica central que tenha validade universal.

Inicialmente, é bom escolher um filósofo principal. Certamente é desejável que seja um dos maiores entre eles. Mas também é possível encontrar o caminho a partir de um filósofo de segunda ou terceira grandeza, que, por acaso, foi o primeiro a ser encontrado e que causou profundo impacto. Todo filósofo, sendo estudado a fundo, leva passo a passo até a Filosofia como um todo e a toda a história da Filosofia.

Em relação à Antiguidade, uma lista dos textos principais depende do que foi preservado, especialmente das poucas obras completas preservadas. Para os séculos mais recentes, a quantidade de textos é tão numerosa, que a dificuldade, aqui, ao contrário, é a seleção de poucos indispensáveis.

Lista de nomes I *[Namenliste]*

Aristóteles (384-322).

Boécio (480-525).

Filosofia da Antiguidade.

Filosofia ocidental.

Fragmentos dos antigos *Estoicos (300-200)*. A esse respeito, Sêneca (falecido em 65 d.C.), *Epicteto* (por volta de 50-138), *Marco Aurélio* (reg. 161-180) – Fragmentos de *Epicuro* (342-271). A esse respeito: *Lucrécio* (96-55) – Os Céticos. A esse respeito: *Sextus Empiricus* (por volta de 150 d.C.) – *Cícero* (106-43), *Plutarco* (por volta de 45-125).

Fragmentos dos *pré-socráticos* (600-400).

Platão (428-348).

Plotino (203-270).

Filosofia cristã

Idade Média: *Johannes Scoto Erígena* (séc. IX) – *Anselmo* (1033-1109) – *Abelardo* (1079-1142) – *Thomas* (1225-1274) – *Johannes Duns Scotus* (falecido em 1308) – *Mestre Eckhart* (1260-1327) – *Ockham* (por volta de 1300-1350) – *Nicolau de Cusa* (1401-1464) – *Lutero* (1483-1546) – *Calvino* (1509-1564).

Patrística: *Agostinho* (354-430).

Filosofia moderna

Do século XVI: *Maquiavel – Morus – Paracelso – Montaigne – Bruno – Böhme – Bacon.*

Do século XVII: *Descartes – Hobbes – Spinoza – Leibniz – Pascal.*

Do século XVIII: Iluminismo inglês: *Locke – Hume.* Moralistas franceses e ingleses. (Do século XVII: *La Rochefoucauld – La Bruyère.* Do século XVIII: *Shaftesbury – Vauvenargues – Chamfort.* A Filosofia alemã: *Kant – Fichte – Hegel – Schelling.*)

Do século XIX: Filosofia dos acadêmicos do século XIX, p. ex., *Fichte o Jovem – Lotze.* Os filósofos originais: *Kierkegaard – Nietzsche.* Ciências modernas como local de Filosofia: Filosofia de Estado e Filosofia econômica: *Tocqueville – Lorenz von Stein – Marx.* (Filosofia da história: *Ranke – Burckhardt – Max Weber.* Filosofia da natureza: *K.E. v. Baer – Darwin.* Filosofia psicológica: *Fechner – Freud.*)

Quanto à primeira característica, ouso aqui fazer uma série de observações totalmente insuficientes. Em momento algum, intenciono classificar qualquer filósofo ou descrevê-lo de forma decisiva, não obstante as frases inevitavelmente parecerem ter esse intuito. Peço que entendam as minhas frases como perguntas. Elas devem apenas apontar o destaque. Quem ainda não tiver conhecimento talvez perceba por onde começar a partir de suas afinidades.

Sobre a Filosofia da Antiguidade

Os *pré-socráticos* possuem a magia única que é comum aos "primórdios". Eles são muito difíceis de entender com o devido rigor. Precisamos tentar abstrair de toda "formação filosófica" que nos encobre aquela incondicionalidade nas formas de pensar e falar usuais. É a partir dos pré-socráticos que vai se configurando o pensamento a partir da observação da experiência-do-ser [*Seinserfahrung*] autêntica. Estamos juntos ali, observando como pela primeira vez em que se deram as iluminações das ideias. Uma unidade de estilo nunca mais vista domina a obra do grande pensador individual, como sendo próprio dele apenas. Como foram preservados apenas fragmentos, quase todo intérprete sucumbe à tentação de interpretar demais. Tudo aqui ainda está repleto de mistérios.

As obras de Platão, Aristóteles e Plotino são as únicas preservadas praticamente inteiras da Filosofia grega. Esses três estão em primeiro lugar de qualquer estudo da Filosofia da Antiguidade.

Platão ensina as eternas experiências filosóficas fundamentais. No movimento de suas ideias foi acolhida toda a riqueza da Filosofia grega precedente. Em meio à comoção de sua época, ele está no limiar dos tempos. Em uma abertura independente, ele vislumbra o pensável. Ele atinge a comunicação mais clara de seus movimentos de raciocínio, mas de uma forma que o mistério do filosofar se torna linguagem, enquanto permanece sempre presente como mistério. Todo o material, para ele, foi fundido. Só a execução do transcender é o essencial. Platão escalou o cume que o ser-humano, ao que parece, não conseguiu ultrapassar em pensamento. Foi dele que partiram as mais profundas motivações para o filosofar. Ele foi incompreendido em todos os tempos, pois não traz um ensinamento aprisionável, tendo que ser adquirido novamente a cada vez. Quando se estuda Platão, assim como quando se estuda Kant, não se aprende uma coisa fixa, mas se chega ao próprio filosofar. O pensador póstero irá se mostrar a partir de como entende Platão.

Com *Aristóteles* aprendemos as categorias que, a partir dele, dominam todo o pensamento ocidental. Ele definiu a linguagem (a terminologia) do filosofar, seja pensando com ele ou contra ele ou em superação de todo esse nível do filosofar.

Plotino usa toda a tradição da Filosofia da Antiguidade como meio para expressar uma curiosa metafísica que, em sua atmosfera original, desde então atravessa os tempos como sendo a verdadeira Metafísica. A placidez mística tornou-se condicionada na música de uma especulação que permanece insuperável e de algum modo ressoa onde quer que, desde então, se pensou metafisicamente.

Os estoicos, epicuristas e céticos, aliados aos platônicos e aristotélicos (os adeptos na Academia moderna e os peripatéticos), criam uma *Filosofia geral das camadas bem-formadas*, da Antiguidade tardia, para a qual também escreveram Cícero e Plutarco. Apesar de todos os contrastes de posições radicais e de uma polêmica mútua constante, existe aqui um mundo em comum. Participar dele de todos os lados criou o eclético, mas também a postura fundamental especificamente delimitada desses séculos antigos, a dignidade pessoal, a continuidade do que apenas se repete em sua essência, o curiosamente completo e infértil, mas também o compreensível de um modo geral. Esse é o chão da Filosofia de tudo, corrente até hoje. A última figura empolgante é *Boécio*, cuja "Consolatio philosophiae", por causa de sua atmosfera, beleza e autenticidade, faz parte dos livros fundamentais daquele que filosofa.

Camadas de comunidade filosófica na educação, na conceituação, no modo de falar e na postura agora são, na sequência, os *clericais [die Kleriker]* da Idade Média, os *humanistas* desde o Renascimento, e de uma forma mais fraca já o clima idealista especulativo da Filosofia alemã no mundo da educação entre 1770 e 1850 de Riga a Zurique, da Holanda a Viena. Debruçar-se sobre essas camadas é interessante da perspectiva da história da cultura e também pelo ponto de vista da sociologia. É importante perceber a distância entre as grandes criações filosóficas e esta forma de pensamento que está se generalizando. Especialmente importante é o Humanismo, porque a origem que lhe é própria não é uma grande Filosofia, mas uma postura intelectual de tradição e apropriação, de independência da compreensão e uma liberdade humana, sem a qual nosso estar-aí ocidental seria impossível. O Humanismo (apenas tornado consciente no Renascimento e ainda hoje é compensador conhecê-lo por meio de Pico, Erasmo, Marsilio Ficino) atravessa todas as épocas, desde a consciente Paideia grega e desde que os romanos, na época dos scipiões, sob influência grega o concretizaram pela primeira vez. Em nossos tempos, tornou-se fraco. Seria uma fatalidade de consequências espirituais e humanas imprevisíveis se ele desaparecesse.

Sobre a Filosofia cristã

Dentre os Pais da Igreja, *Agostinho* destaca-se com grandeza incomparável. Ao estudarmos suas obras, ganhamos a totalidade do filosofar cristão. Aqui se encontram as inúmeras inesquecíveis formulações quais a interioridade [*Innerlichkeit*] passa a ter uma linguagem que, na Filosofia antiga, ainda não existia com esse alto grau de reflexão e paixão. Essa obra de incalculável riqueza está repleta de repetições, às vezes com expansão retórica, no todo talvez desprovida de beleza, mas no detalhe possuindo a brevidade e a força perfeitas de profundas verdades. Conhecemos os seus adversários a partir de suas citações e falas referentes a eles. Com suas obras, ele é a fonte na qual se alimenta até hoje todo o pensamento que a alma procura em suas profundezas.

Scoto Erígena concebe uma estrutura do Ser de Deus, Natureza e Homem em categorias neoplatônicas com liberdade dialética do desenvolvimento. Ele traz uma nova atmosfera de abertura autoconsciente para o mundo. Erudito, conhecedor do idioma grego, tradutor de Dionísio Areopagita, a partir de um material conceitual tradicional, ele desenvolve o seu sistema generoso, mostrando originalidade na postura. Ele vislumbra a natureza de Deus e se torna cofundador de um Misticismo especulativo, com reflexos até o presente. Ele está sozinho em meio a um tempo distante da Filosofia. Sua obra é o produto educacional de uma apropriação rememorizante da alta tradição a partir de uma concepção de vida filosoficamente devota.

O pensar metódico da Idade Média é original primeiramente em *Anselmo*. É nas formas duras do raciocínio lógico e jurídico que se encontram os enredamentos [*Bestrickungen*] das revelações imediatas de pensamento do Metafísico. Apesar de ser distante e pouco familiar para nós, graças à força supostamente imperiosa dos caminhos do pensamento e os preceitos dogmáticos específicos, ele é atual e crível em seu processo de revelação dos conteúdos, desde que os tomemos em sua validade humana comum, como os de Parmênides: não em sua roupagem histórica do dogmatismo cristão.

Abelardo prega a energia da reflexão, os caminhos do logicamente possível, o método dos opostos dialéticos [*Gegensätzlichkeiten*] como caminho para abordar os problemas. Perguntando até o limite pela contraposição do contraditório, ele se torna fundador do método escolástico, que atinge o seu ápice com Thomas, trazendo consigo também a ameaça de dissolução da substância cristã, até então levada de forma um tanto inocente.

Thomas constrói o grandioso sistema quase autoritário, até hoje destacadamente válido no mundo católico; sistema esse no qual o reino da Natureza e o reino da Graça, o compreensível sensato e o incompreensível a ser crido, o profano e o eclesiástico, as posições heréticas derrubadas e o momento da verdade são reunidos ali em uma unidade e desenvolvidos, que, com razão, foram comparadas às grandes catedrais da Idade Média. Ele uniu o que o pensar medieval produziu. Da perspectiva dele, todos já fizeram o trabalho prévio para a aquisição ordenadora de todo o material e o método da apropriação de Aristóteles e, por fim, ainda há Albertus Magnus. Thomas talvez só o supere pela clareza e medida e brevidade de suas ideias. Do ponto de vista da ambientação e ilustração, essa realidade filosófica completa da Idade Média pode ser conhecida pela *Divina Comédia*, de Dante.

Duns Scotus e *Ockham* neste momento quase são a transgressão, uma vez que a construção completa do pensamento medieval parece concluída. Duns Scotus ainda em uma figura tida como ortodoxa, atiçada por dificuldades profundas que ele descobre na vontade e na individualidade única enquanto o aqui e agora. Ockham leva a postura cognoscente para uma catástrofe, em que se funda o conhecimento moderno, ao mesmo tempo reticente [*sich bescheidende*] e se estendendo amplamente em seu domínio. Politicamente, ele destrói as reivindicações da Igreja como publicitário de Ludwig da Baviera. Ele também, assim como todos os pensadores da Idade Média cujas obras foram preservadas, é um cristão devoto (os sem-fé [*Ungläubigen*], os céticos, os niilistas na maioria das vezes só são conhecidos por contraposições [*Widerlegungen*] e citações). As obras de Ockham até hoje não existem em nenhuma edição moderna. Elas não foram traduzidas para o alemão. Talvez seja a única grande lacuna no trabalho até então feito com a história da Filosofia.

Nicolau de Cusa é o primeiro filósofo da Idade Média que encontramos em uma atmosfera que nos parece ser a própria. É bem verdade que, em sua fé, ele é muito influenciado pela Idade Média, pois aqui ainda se vê intocada a unidade da fé eclesiástica, a confiança na unidade mundial em devir da Igreja Católica e que enfim abarcará de vez todos os povos de todas as fés. Mas o seu filosofar não desenvolve mais aquele sistema único, como Thomas, não se utiliza mais do método escolástico, que absorve logicamente a tradição em seus opostos contraditórios, mas ele se volta diretamente para as coisas, sejam elas metafísicas (transcendentes) ou empíricas (imanentes). Assim, ele trilha caminhos metodológicos especiais a partir da própria percepção, diante da qual encontra-se um Ser de Deus revelado de uma nova forma nessas especulações. Nesse Ser da deidade ele vê todas as realidades do mundo e de tal maneira que nele a especulação abre caminho para as percepções empíricas e os conhecimentos tanto empíricos quanto matemáticos se tornam meios da percepção de Deus [*Gottesanschauung*]. Há nele um pensar englobante, próximo amorosamente de todo o real e ao mesmo tempo ultrapassando-o. O mundo não é contornado, mas ele próprio se ilumina à luz da transcendência. Aqui se pensou uma Metafísica que até hoje permaneceu insubstituível. Perambular nela faz parte das horas felizes daquele que filosofa.

Diferente é *Lutero*. Estudá-lo é imprescindível. É fato que ele é o pensador teológico que despreza a Filosofia, que fala da prostituta razão, mas que, ele mesmo, realiza os pensamentos existenciais básicos sem os quais o filosofar atual dificilmente seria possível. A mescla entre a seriedade apaixonada da fé e a sagacidade disposta a se adaptar, entre profundidade e postura belicosa de base, entre acurácia esclarecedora e bravata rude torna o estudo praticamente um dever, mas também um tormento. A atmosfera que parte desse homem é estranha e filosoficamente nociva.

Calvino tem uma forma disciplinada, metódica, a grandeza das últimas consequências, a lógica ferrenha, a incondicionalidade ao se ater aos princípios. Mas na intolerância rude em seus atos tanto teóricos quanto práticos ele é o polo oposto assustador do filosofar. É bom ter olhado de frente para ele, para reconhecer esse espírito sempre que ele aparecer no mundo de forma velada e fragmentada. Ele é o ápice daquela encarnação da intolerância cristã, contra a qual não há nada além de intolerância.

Sobre a Filosofia moderna

A Filosofia moderna, se comparada à antiga e à medieval, não tem uma totalidade englobante, dispersando-se em diferentes tentativas sem conexão entre si e repleta de grandiosas construções de sistemas, mas sem impor um sistema dominante de fato. Ela é extremamente rica, cheia do que é concreto e livre em abstração especulativa de ousadias arrojadas de pensamento. Está em relação com a nova Ciência, é nacionalmente diferenciada e foi escrita em língua italiana, alemã, francesa e inglesa, além das obras na forma latina, que ainda seguem o costume da Idade Média quase exclusivamente latina.

Vamos caracterizá-la pelo esquema dos séculos.

O século XVI é rico em criações diretamente emocionantes, heterogêneas entre si e incomumente pessoais. Até hoje, são fontes correntes:

Politicamente, *Maquiavel* e *Morus* são criadores da liberdade moderna de perguntar pelas conexões reais. Seus escritos em sua roupagem histórica ainda hoje são tão ilustrativos e interessantes quanto em sua época.

Paracelsus e *Böhme* conduzem a um mundo tão rico em profundidade e superstição, em clarividência e confusão acrítica, quanto ao que hoje chamamos de Teosofia, Antroposofia e Cosmosofia. De forma ilustrativa e repleta de imagens, eles levam a um jardim labiríntico. A estrutura racional deve ser destacada, em parte brilhando em curiosidade racionalista, e, em parte, especialmente em Böhme, brilhando em profundidade dialética.

Montaigne é o homem tornado independente em si, sem vontade de realização no mundo. Postura e observação, honestidade e sagacidade, imparcialidade cética e uma resolução prática são expressos em configuração moderna. A leitura é cativante logo de início. Do ponto de vista filosófico, é uma expressão perfeita dessa configuração da vida, mas também é como uma paralisia. Sem motivação essa autossuficiência é uma tentação.

Em oposição a isso, *Bruno* é o filósofo infinitamente batalhador, que se consome na insuficiência. Ele sabe dos limites e acredita no mais elevado. Seu diálogo sobre as "eroici furori" é um livro fundamental da Filosofia do Entusiasmo.

Bacon é considerado o fundador do Empirismo moderno e das ciências. Ambos injustamente, pois ele não entendeu a Ciência moderna de fato – a Ciência natural matemática – nos primórdios de sua época, e ela nunca teria surgido por meio dos caminhos dele. Mas, em um entusiasmo pelo novo, próprio do Renascimento, Bacon entregou-se às ideias do conhecimento como poder, de possibilidades técnicas incríveis, da suspensão de ilusões em benefício da percepção compreensiva da realidade.

O século XVII traz a Filosofia da construção racional. Surgem grandes sistemas em um desenvolvimento lógico perfeito. É como se chegássemos a um lugar de ar puro, mas também desaparece em surdina a opulência ilustrativa, o mundo eficaz das imagens. A Ciência moderna chegou, ela se torna modelo.

Descartes é o fundador desse novo mundo filosófico, ao lado dele *Hobbes*. Descartes acabou sendo fatal pela perversão de seu conceito de Ciência e Filosofia. Por causa das consequências e pelo erro básico evidente do fato [*Sache*], ele deve ser estudado ainda hoje, para conhecer o caminho a ser evitado. Hobbes desenvolve um sistema do Ser, mas a sua grandeza está na construção política, cuja grandiosa coerência mostra linhas do estar-aí, que, com essa enorme claridade, se tornaram conscientes aqui pela primeira vez e para sempre.

Spinoza é o metafísico que expressa uma postura filosófica de fé com conceitos tradicionais e cartesianos, mas que é original na atmosfera metafísica, que naquela época lhe era própria e que até hoje – como único daquele século – tem uma comunidade filosófica de seguidores.

Pascal é o contraponto da absolutização da Ciência e do sistema. Seus pensamentos dominam ambos, têm a mesma limpidez, mas maior veracidade e profundidade.

Leibniz, universal como Aristóteles, mais rico do que todos os filósofos daquele século em termos de conteúdos e invenções, sempre criando, sempre sagaz, mas em sua Metafísica ficou sem o grande traço de uma concepção básica humana penetrante.

O século XVIII mostra pela primeira vez uma corrente mais ampla de literatura filosófica para um público. É o século do Iluminismo.

O Iluminismo inglês tem sua figura representativa em *Locke*. Ele deu ao mundo inglês, que surgiu da Revolução de 1688, o chão intelectual, também no pensamento político. *Hume* é o desmembrador superior cujo conhecimento, apesar de todo o tédio, não é raso para nós hoje. Seu ceticismo é a dureza, mas também é a honestidade de uma coragem que ousa olhar de frente o incompreensível em seus limites, sem falar dele.

Na França e na Inglaterra havia os escritos aforísticos e ensaísticos dos conhecedores do mundo e dos homens, chamados de "Moralistas". Seu conhecimento quer educar também no psicológico uma postura filosófica. A partir do século XVII e do grande mundo da corte escrevem La Rochefoulcauld e La Bruyère, e é a partir do século XVIII que escrevem Vauvenargues e Chamfort. Shaftesbury é o filósofo da disciplina estética da vida.

A grande Filosofia alemã, com uma energia sistemática e uma abertura para o mais profundo e para o mais distante, tem uma constituição do pensamento e uma riqueza de conteúdos em tal medida, por isso até hoje é base indispensável e educação para todo o pensamento filosófico sério: *Kant, Fichte, Hegel, Schelling*.

Kant: o passo decisivo para nós da consciência-do-ser [*Seinsbeswusstsein*], a exatidão na execução pensante do transcender, o aclaramento do Ser em suas dimensões de base, o *Ethos*, a partir da insuficiência de nossa essência, a concepção do espaço amplo e do humanismo, juntamente com *Lessing* a claridade da própria razão. Um homem nobre.

Fichte: especulação elevada ao fanatismo, tentativas violentas do impossível, construtor genial, patético da moral. Um efeito desastroso do extremo e da intolerância parte dele.

Hegel: domínio e elaboração generalizada das formas dialéticas de pensar, a percepção dos conteúdos de todo tipo no pensar, a prática da memória histórica ocidental mais englobante.

Schelling: um matutar incansável sobre o último, solução de um mistério não familiar, fracasso no sistema, abertura de novas trilhas.

O século XIX é transição, dissolução e consciência da dissolução, expansão temática, amplidão científica. A força da Filosofia vai ficando cada vez mais fraca nos filósofos docentes, transformando-se em sistemas pálidos e arbitrários sem validade, e em história da Filosofia que, pela primeira vez, torna acessível todo o material histórico em toda a sua extensão. A força da Filosofia, ela mesma, vive em exceções que não valem quase nada para os contemporâneos, e na Ciência.

A *filosofia dos docentes* alemã é repleta de ensinamentos, cheia de aplicação e afinco, englobante, mas factualmente não vive mais a partir da energia do ser-humano [*Menschsein*], mas do mundo universitário da cultura burguesa com seu valor de formação, sua seriedade bem-intencionada e seus limites. Também figuras exponenciais como Fichte o Jovem, Lotze, entre outros, serão estudados apenas em virtude do ensino, não à(da) substância.

Os *filósofos originais* da época são *Kierkegaard* e *Nietzsche*. Ambos sem sistema, ambos exceção e vítima. Eles tomam consciência da catástrofe, pronunciam verdades inauditas e não apontam caminhos. Neles, a época se documenta a partir da mais implacável autocrítica que já foi executada na história da humanidade.

Kierkegaard: formas do agir interior, a seriedade do pensamento para a decisão pessoal, a nova liquefação de tudo, especialmente do pensar hegeliano fixado. Cristianismo violento.

Nietzsche: reflexão interminável, auscultando e perguntando por tudo, revirando sem encontrar o chão, além de novos absurdos. Anticristianismo violento.

As *ciências modernas* são portadoras de uma postura filosófica, não pela amplitude de suas atividades, mas pelas inúmeras personalidades individuais. A troco de exemplo, citemos aqui apenas algumas.

Filosofia de Estado e Filosofia social: Tocqueville entende o andar do mundo moderno em direção à democracia a partir do conhecimento sociológico do *Ancien régime,* da Revolução Francesa, dos Estados Unidos da América. Sua preocupação em relação à liberdade, seu senso de dignidade do homem e de autoridade permitem que ele pergunte realisticamente pelo incontornável e possível. Ele é um homem e pesquisador de primeira linha. Baseado em atos políticos e pensamentos dos franceses desde 1789, *Lorenz von Stein* ilumina a consequência dos fatos até os anos de 1940, na polaridade entre Estado e sociedade. Seu olhar volta-se para a questão do destino da Europa. Marx aproveitou esses conhecimentos, os desenvolveu em construções econômicas, às quais adicionou o ódio contra tudo que há e as preencheu com objetivos quiliásticos de futuro. Aos proletários prejudicados e desesperançados do mundo todo deve ser dada uma luz de esperança, que os una em uma só potência, capaz de derrubar as situações sociológico-econômico-políticas, para criar um mundo de justiça e liberdade para todos.

Filosofia da história: Ranke desenvolve os métodos crítico-históricos a serviço de uma visão histórica universal que, no âmbito de Hegel e Goethe, acabam sendo eles próprios uma Filosofia, apesar de aparentemente negarem a Filosofia. *Jakob Burckhardt* sente-se como um sacerdote da formação histórica, mostra a grandeza e a felicidade da rememoração histórica, a graça e a desgraça de uma postura de base pessimista de, ao final, estar em um mundo ao qual foi concedido o esplendor apenas naquela rememoração.

Max Weber afrouxa todos os constrangimentos, pesquisa o real da história com todos os meios, deixa claras as conexões de tal forma, que a maior parte das historiografias anteriores acabam parecendo pálidas e insuficientes, em decorrência de suas indeterminações nas categorias de suas respectivas concepções. Ele desenvolve, na teoria e na prática, as tensões entre valorar e reconhecer, e justamente pelo exame modesto do verdadeiro conhecer, abdicando do apenas aproximado e do total, ele abre espaço para todas as possibilidades.

Filosofia da natureza: K.E. von Baer oferece uma grandiosa visão da vivacidade em suas características fundamentais, por meio de caminhos de uma pesquisa descobridora. *Darwin*, seu polo oposto, busca determinadas relações causais nessa concepção, que em suas consequências anulam as visões da vida em si.

Filosofia psicológica: Fechner funda uma pesquisa metodológica experimental da relação entre o psíquico e o físico na percepção sensorial (Psicofísica), mas como um elo na construção que insere alma em toda vida e em todas as coisas, uma construção de sonho. *Freud* toca a Psicologia reveladora como naturalização de efeito popular e banalização das descobertas fortemente presentes em Kierkegaard e Nietzsche. Uma visão de mundo na verdade odiosa e árida, mas sob forma de simpatia para com o humano estava de acordo com a época, cujas falsidades foram desmontadas aqui sem piedade, mas como se esse mundo fosse o mundo em si.

Lista de nomes II
China e Índia

Filosofia chinesa

Lao-Tsé (séc. VI a.C.) – *Confúcio* (séc. VI a.C.) – *Mo Ti* (segunda metade do séc. V a.C.) – *Chuang-Tsé* (séc. IV a.C.).

Filosofia indiana

Bhagavadgita entre outros – Artashastra do *Kautilya* – Shankara (séc. IX d.C.)

Upanishads (cerca de 1000-400 a.C.) – Cânone Pali do *Budismo* – Textos do Mahabharata (último séc. a.C.).

Como é acessível pelos meios atuais apenas por *traduções* e *interpretações*, toda a Filosofia *chinesa* e *indiana*, se comparada à ocidental, é muito menor em tamanho e em desdobramentos nas ramificações de configuração marcante. A Filosofia ocidental acaba sendo, para nós, o objeto principal. É bem verdade que parece ousado dizer que entendemos apenas aquilo da Filosofia asiática que também saberíamos sem ela a partir da nossa própria Filosofia. Mas é correto afirmar que a maioria das interpretações se servem tanto das categorias ocidentais, que mesmo para aquele que não entende as línguas asiáticas, o engano fica evidente.

Por isso, o paralelismo entre os três desenvolvimentos – China, Índia, Ocidente – é correto historicamente, porém nos dá uma imagem distorcida, porque parece mostrar um peso igual nos três. Mas isso não é o caso para nós. Os olhares insubstituíveis que nos são fornecidos pelo pensamento asiático não disfarçam que todo o volume, que todos os conteúdos que realmente nos dotam de alma ainda provêm do pensamento ocidental. Aqui apenas existem clareza nas diferenciações, determinação nos questionamentos, as ciências como referência, a batalha nas discussões minuciosas, a longa duração dos movimentos de pensamento, tais como são imprescindíveis para nós.

Lista de nomes III

Arte: Leonardo da Vinci – Michelangelo – Rembrandt.

Filosofia escondida na religião, na literatura e na arte.

Literatura: Homero – Ésquilo, Sófocles, Eurípides – Dante – Shakespeare – Goethe – Dostoiévski.

Religião: A Bíblia – textos reunidos em coletâneas histórico-religiosas.

Para nos apropriarmos dos conteúdos da Filosofia em sua história, precisamos de mais que apenas ler os filósofos em sentido estrito. Além da clareza em relação ao desenvolvimento das ciências, é imprescindível que sejamos tomados pelas grandes obras da religião, da literatura e da arte. Não devemos ler sempre algo diferente e de vários tipos, mas nos demorarmos no que é grande e sempre de novo nos aprofundarmos.

As grandes obras

Poucas obras da Filosofia são tão *infinitas* no sentido de seus pensamentos quanto grandes obras de arte. Nelas há mais *conteúdo pensado do que o próprio autor sabia.* É bem verdade que em cada pensamento profundo há um indício daquilo que o pensante não vê de imediato em termos de consequência. Mas nos grandes filósofos é a própria totalidade que esconde em si o infinito. É o uníssono que espantosamente existe em tudo o que é contraditório que faz com que as próprias contradições se tornem expressões da verdade. É um entrelaçar de pensamentos que permite o aclaramento no inescrutável por meio da claridade dos primeiros planos. São obras milagrosas que vemos, quanto mais pacientemente as interpretarmos. Assim são, por exemplo, as obras de Platão, as obras de Kant, a Fenomenologia do Espírito de Hegel – mas com diferenças entre elas: em *Platão*, a forma equilibrada com a mais clara consciência, a completude, o conhecimento mais claro do método, a recorrência à arte para comunicar a verdade filosófica, sem prejuízo da concisão e da marcação das ideias. Em *Kant*, a maior honestidade, a confiabilidade em cada preceito, a clareza mais bela. Em *Hegel*, o inconfiável pelo conceder-se tudo a si mesmo, também em pensar de forma não convencional, mas, em contrapartida, uma riqueza de conteúdos, a criatividade que mostra a profundidade dos conteúdos, não realizados no próprio filosofar. Esse está imbuído muito mais de violência e ilusão, tem a tendência da Escolástica a esquemas dogmáticos e à observação estética.

Os filósofos são de importância absolutamente diversa e de diversos tipos variados. É um destino de vida saber se eu, quando jovem, dedico-me ao estudo de apenas *um* grande filósofo e *qual* deles escolho.

Pode-se dizer que em uma das grandes obras está inserido tudo. Em um dos grandes filósofos trabalha-se galgando degraus até se chegar ao Reino da Filosofia. Penetrando profundamente em uma grande obra de vida eu alcanço o meio, a partir do qual e para o qual todo o resto se ilumina. Ao estudar esta obra, traz-se todo o resto. Nessa contextualização, conquista-se uma orientação em relação a toda a história da Filosofia, pelo menos aprende-se a saber a respeito, criam-se impressões a partir de excertos de textos originais, e supõe-se o que ainda há por aí. A partir da profundidade ilimitada em um ponto, mantemos a autocrítica em relação à extensão do conhecimento que adquirimos, em níveis diferentes em comparação a outras construções filosóficas de pensamento.

O jovem talvez deseje um conselho sobre que filósofo escolher. Mas essa escolha cada um deve tomar por si só. Podemos apenas mostrar a ele e apontar para algumas coisas. A escolha é uma decisão de essência. Ela talvez se dê após testes tateantes. Ela pode ser expandida ao longo dos anos. Mesmo assim, há conselhos. Um conselho antigo é estudar Platão e Kant, pois com isso se atingiria todo o essencial. Concordo com esse conselho.

Não é uma escolha deixar-se arrebatar por uma leitura cativante, por exemplo de Schopenhauer ou Nietzsche. Escolha significa estudo com todos os meios disponíveis. Portanto, significa imiscuir-se na história inteira da Filosofia, a partir de uma de suas grandes manifestações. Uma obra que não leva a esse caminho é uma escolha desvantajosa, não obstante, enfim, toda obra filosófica necessariamente ser produtiva a partir de um estudo verdadeiro.

A escolha de um grande filósofo para estudar as suas obras, portanto, não significa limitar-se a ele. Ao contrário, ao estudarmos um grande, também devemos ter em vista o diferente extremo, o mais cedo possível. Constrangimento é a consequência da limitação a um único, mesmo que seja o menos constrangido de todos. Não é só no filosofar que vale o não endeusamento, o não aumento do um para o único, a não exclusividade de um só mestre. O sentido do filosofar é, em primeira linha, o estar aberto para a verdade no todo, não como a verdade nivelada, abstrata em si, mas como a sua diversidade nas grandes realizações.

Os leitores que desejarem conhecer mais de perto a minha obra filosófica podem consultar esta breve bibliografia:

Philosophie [Filosofia]. 1932 [3. ed., 1956]. Berlim/Heidelberg: Springer.

Von der Wahrheit [Da verdade]. 1947. [2. ed., 1958]. Munique: Piper & Co.

Alguns escritos mais curtos desenvolvem em mais detalhes o conteúdo destas palestras radiofônicas:

Der philosophische Glaube [A fé filosófica]. 1948 [4. ed., 1955. Zurique: Artemis]. Munique: Piper & Co., 1948. Editora Artemis, Zurique.

Vernunft und Existenz [Razão e existência]. 1935 [4. ed., 1960]. Munique: R. Piper & Co.

Para compreender a Filosofia em nossa era:

Die Atombombe und die Zukunft des Menschen [A bomba atômica e o futuro do homem]. 1958 [4. ed., 1960]. Munique: R. Piper & Co.

Die geistige Situation der Zeit [A situação espiritual da época]. 1931 [9. ed., 1960]. Berlim: Walter de Gruyter & Co.

Vom Ursprung und Ziel der Geschicht [Da origem e do objetivo da história]. 1949 [3. ed., 1952. Zurique: Artemis]. Munique: R. Piper & Co.

A respeito da interpretação de filósofos, escrevi:

Descartes und die Philosophie [Descartes e a Filosofia]. 1937 [3. ed., 1956]. Berlim: Walter de Gruyter & Co.

Die grossen Philosophen [Os grandes filósofos]. 1957 [2. ed., 1959]. Munique: R. Piper & Co.

Max Weber, Politiker, Forscher, Philosoph [Max Weber, Político, Pesquisador, Filósofo]. 1932 [4. ed., 1958]. Munique: R. Piper & Co.

Nietzsche: Einführung in das Verständnis *seines* Philosophierens [Nietzsche, Introdução à compreensão do seu filosofar]. 1936 [3. ed., 1949]. Berlim: Walter de Gruyter & Co.

Nietzsche und das Christentum [Nietzsche e o cristianismo]. 1946 [2. ed., 1952]. Munique: R. Piper & Co.

Como o filosofar pode acontecer sob a forma de Ciência concreta, é o que mostro nos seguintes escritos:

Allgemeine Psychopathologie [Psicopatologia geral]. 1913 [7. ed., 1959]. Berlim/Heidelberg: Springer.

Strindberg und van Gogh [Strindberg e van Gogh], 1922 [3. ed., 1951]. Munique: R. Piper & Co.

Obras de Karl Jaspers

Allgemeine Psychopathologie [Psicopatologia Geral]. 1913 [9. ed., 1973], 748 p. Heidelberg/Berlim/Nova York: Springer.

Aneignung und Polemik – Gesammelte Reden und Aufsätze zur Geschichte der Philosophie [Apropriação e polêmica – Palestras e ensaios sobre a história da Filosofia]. Ed. por Hans Saner. 1968, 518 p. Munique: R. Piper & Co.

Antwort – Zur Kritik meiner Schrift "Wohin treibt die Bundesrepublik?" [Réplica – Sobre a crítica ao meu texto "Para onde caminha a República Federal?"], 1967, 235 p. Munique: R. Piper & Co.

Chiffren der Transzendenz [Cifras da transcendência]. Ed. por Hans Saner. 1970 [3. ed., 1977], 111 p. Munique: R. Piper & Co. [Série Piper 7].

Der philosophische Glaube [A fé filosófica]. 1948 [7. ed., 1981], 136 p. Munique: R. Piper & Co. [Série Piper 69].

Der philosophische Glaube angesichts der Offenbarung [A fé filosófica diante da Revelação]. 1962 [2. ed., 1963], 576 p. Munique: R. Piper & Co.

Descartes und die Philosophie [Descartes e a Filosofia]. 1937 [4. ed., 1966], 104 p. Berlim/Nova York: W. de Gruyter & Co.

Die Atombombe und die Zukunft des Menschen – Ein Radiovortrag [A bomba atômica e o futuro do homem – Uma palestra radiofônica]. 1957, 27 p. Munique: R. Piper & Co.

Die Atombombe und die Zukunft des Menschen – Politisches Bewusstsein in unserer Zeit [A bomba atômica e o futuro do homem – Consciência política em nosso tempo]. 1958 [6. ed., 1982], 505 p. Munique: R. Piper & Co. [Série Piper 237].

Die Frage der Entmythologisierung [A questão da desmitologização] (com Rudolf Bultmann). 1954 [3. ed., 1981], 143 p. Munique: R. Piper & Co. [Série Piper 207].

Die geistige Situation der Zeit [A situação espiritual da época]. 1931 [8. Impr. da 5. ed. (1932), 1971], 211 p. Berlim/Nova York: W. de Gruyter & Co. [Coleção Göschen].

Die grossen Philosophen [Os grandes filósofos]. Espólios 1 e 2. Ed. por Hans Saner. 1981. 2 vols., 1.236 p. Munique: R. Piper & Co.

Die Idee der Universität [A ideia da universidade]. 1946 [Reimpr., 1980, com um prefácio de Adolf Laufs], 132 p. Heidelberg/Berlim/Nova York: Springer.

Einführung in die Philosophie – Zwölf Radiovorträge [Introdução à Filosofia – Doze palestras radiofônicas]. 1953 [22. ed., 1983], 128 p. Munique: R. Piper & Co. [Série Piper 13].

Existenzphilosophie [Filosofia da Existência]. 1938 [4. ed., 1974], 90 p. Berlim/Nova York: W. de Gruyter & Co.

Freiheit und Wiedervereinigung – Über Aufgaben deutscher Politik [Liberdade e reunificação – Sobre tarefas da política alemã]. 1960, 123 p. Munique: R. Piper & Co.

Gesammelte Schriften zur Psychopathologie [Escritos reunidos de Psicopatologia]. 1963, 421 p. Heidelberg/Berlim/Nova York: Springer.

Hoffnung und Sorge – Schriften zur deutschen Politik 1945-1965 [Esperança e preocupação – Escritos sobre política alemã 1945-1965]. 1965, 373 p. Munique: R. Piper & Co.

Kleine Schule des philosophischen Denkens [Pequena escola do pensar filosófico]. 1965 [7. ed., 1980], 183 p. Munique: R. Piper & Co. [Série Piper 54].

Lebensfragen der deutschen Politik [Questões vitais da política alemã]. 1963, 315 p. Munique: Deutscher Taschenbuch-Verlag.

Lionardo als Philosoph [Leonardo filósofo]. 1953, 77 p. Berna: A. Francke.

Max Weber: Politiker – Forscher – Philosoph [Max Weber: Político – Pesquisador – Filósofo]. 1932 [4. ed., 1958], 89 p. Munique: R. Piper & Co. [Livraria Piper 121].

Nietzsche – Einführung in das Verständnis seines Philosophierens [Nietzsche – Introdução à compreensão do seu filosofar]. 1936 [4. ed., 1981], 487 p. Berlim/Nova York: W. de Gruyter & Co.

Nietzsche und das Christentum [Nietzsche e o cristianismo]. 1946 [3. ed., 1963], 84 p. Munique: R. Piper & Co. [Livraria Piper 182].

Nikolaus Cusanus. 1964, 271 p. Munique: R. Piper & Co.

Notizen zu Martin Heidegger [Notas sobre Martin Heidegger]. Ed. por Hans Saner. 1978 [2. ed., 1978], 342 p. Munique: R. Piper & Co.

Philosophie [Filosofia]. 1932 [4. ed., 1973]. 3 vols. 1.056 p. Heilberg/Berlim/Nova York: Springer.

Philosophie und Welt – Reden und Aufsätze [Filosofia e mundo – Palestras e ensaios]. 1958 [2. ed., 1963]. 404 p. Munique: R. Piper & Co. [Coleção Piper].

Philosophische Aufsätze [Ensaios filosóficos]. 1967. 247 p. Frankfurt a.M.: Fischer Taschenbuch Verlag.

Philosophische Autobiographie [Autobiografia filosófica]. 1977, 136 p. Munique: R. Piper & Co.

Philosophische Logik – Erster Band: Von der Wahrheit [Lógica filosófica – Primeiro volume: Da verdade]. 1947 [2. ed., 1958], 1.103 p. Munique: R. Piper & Co.

Provokationen – Gespräche und Interviews [Provocações – Conversas e entrevistas]. Ed. por Hans Saner. 224 p. Munique: R. Piper & Co.

Psychologie der Weltanschauungen [Psicologia das visões de mundo], 1919 [6. ed., 1971], 486 p. Heidelberg/Berlim/Nova York: Springer.

Rechenschaft und Ausblick – Reden und Aufsätze [Justificativa e perspectivas – Palestras e ensaios]. 1951 [2. ed., 1958], 432 p. Munique: R. Piper & Co. [Coleção Piper].

Schelling – Grösse und Verhängnis [Schelling – Grandeza e fatalidade]. 1955, 346 p. Munique: R. Piper & Co.

Schicksal und Wille – Autobiographische Schriften [Destino e vontade – Escritos autobiográficos]. Ed. por Hans Saner. 1967 [2. ed. 1969], 186 p. Munique: R. Piper & Co.

Strindberg und van Gogh – Versuch einer patographischen Analyse unter vergleichender Heranziehung von Swedenborg und Hölderlin [Strindberg e van Gogh – Esboço de uma análise patográfica com apoio comparativo de Swedenborg e Hölderlin]. 1922 [4. ed.. 1977], 183 p. Munique: R. Piper & Co. [Série Piper 167].

Über Bedingungen und Möglichkeiten eines neuen Humanismus – Drei Vorträge [Sobre as condições e possibilidades de um novo Humanismo – Três palestras]. 1962, 95 p. Stuttgart: Reclam.

Vernunft und Existenz – Fünf Vorlesungen [Razão e existência – Cinco palestras acadêmicas]. 1935 [5. ed., 1973]. 127 p. Munique: R. Piper & Co. [Série Piper 57].

Vernunft und Widervernunft in unserer Zeit [Razão e contrarrazão em nosso tempo]. 1950 [2. ed., 1952], 71 p. Munique: R. Piper & Co.

Vom europäischen Geist [Do espírito europeu]. 1947, 31 p. Munique: R. Piper & Co.

Vom Ursprung und Ziel der Geschichte [Da origem e do objetivo da história]. 1949 [8. ed., 1983], 349 p. Munique: R. Piper & Co. [Série Piper 298].

Wahrheit, Freiheit und Friede [Verdade, liberdade e paz] – Hannah Arendt: Karl Jaspers [Falas por ocasião da outorga do Prêmio da Paz do Comércio Livreiro Alemão em 1958] [3. ed., 1958], 40 p. Munique: R. Piper & Co.

Wahrheit und Wissenschaft [Verdade e Ciência] – Adolf Portmann: Naturwissenschaft und Humanismus [Ciências naturais e Humanismo]. 1960, 45 p. Munique: R. Piper & Co.

Was ist Erziehung? – Ein Lesebuch [*O que é Educação?* – Um compêndio]. 1977, 388 p. Munique: R. Piper & Co.

Weltgeschichte der Philosophie – Einleitung [História mundial da Filosofia – Introdução]. Do espólio, ed. por Hans Saner. 1982, 192 p. Munique: R. Piper & Co.

Wohin treibt die Bundesrepublik? Tatsachen – Gefahren – Chancen [Para onde caminha a República Federal? Fatos – Perigos – Oportunidades]. 1966 [8. ed., 1967], 281 p. Munique: R. Piper & Co.

Índice onomástico

Abelardo, P. 167, 171
Agostinho 77, 149, 150, 167, 170
Alberto Magno 172
Anselmo de Canterbury 147, 167, 171
Aristipo 129
Aristóteles 34, 40, 153, 166, 168, 169, 172, 176
Arquimedes 115

Bacon, F. 167, 175
Baer, K.E. 167, 180
Baruc 55
Boécio, A.T.S. 70, 166, 169
Böhme, J. 167, 175
Brugger, W. 164
Bruno, G. 70, 147, 149, 167, 175
Buda 115, 153
Burckhardt, J. 167, 179

Calvino, J. 167, 174
Chamfort, N. 167
Cícero, M.T. 166, 169
Confúcio 115, 147, 181
Cusa, N. 147, 167, 173

Dante Alighieri 172, 182
Darwin, C. 167, 180
Da Vinci, L. 182
Descartes, R. 36, 40, 147, 167, 176, 185
Deussen, P. 165
Dêutero-Isaías 115
Dionísio Areopagita 171
Dostoiévski, F. 182
Duns Scotus, J. 167, 172

Eisler, R. 163
Elias 115
Epicteto 36, 166

Epicuro 166

Erasmo de Roterdã 170

Erdmann, J.E. 164

Erígena, J.S. 154, 167, 171

Ésquilo 182

Eurípides 182

Fechner, G.T. 167, 180

Fichte, J.G. 167, 177

Fichte, I.H. 167, 178

Forke, A. 165

Freud, S. 167, 180

Galilei, G. 149

Gilson, E. 164

Goethe, J.W. 179, 182

Gogh, V. 29, 186

Hackmann, H. 165

Hegel, G.W.F. 114, 131, 147, 149, 151, 153, 162, 163, 167, 177, 179, 183

Heráclito 115

Hipócrates 26

Hobbes, T. 167, 176

Hoffmeister, J. 164

Hölderlin, F. 29

Homero 115, 182

Hume, D. 153, 167, 177

Isaías 115

Ísis 55

Jeremias 55, 56, 115

Kant, I. 58, 62, 75, 76, 95, 103, 131, 147, 149, 153, 160, 167, 169, 177, 183, 184

Kautilya 146, 181

Kepler, J. 149

Kierkegaard, S. 61, 83, 131, 137, 150, 167, 178, 180

Kirchner, F. 164

La Bruyère, J. 167, 177

Lalande, A. 163

Lao Tsé 115, 130, 181

La Rochefoucauld, F. 167, 177

Leibniz, G.W. 167, 176

Lessing, G.E. 149, 177

Lie-tsi 115

Locke, J. 153, 167, 177

Lotze, R.H. 167, 178
Lucrécio 166
Ludwig o Bávaro 172
Lutero, M. 96, 149, 167, 173

Marcilio F. de Pádua 170
Maquiavel, N. 147, 167, 175
Marco Aurélio 166
Marx, K. 150, 167, 179
Maurya 117
Mestre Eckhart 167
Metzke, E. 164
Michaelis, K. 164
Michelangelo 182
Montaigne, M. 167, 175
Morus, T. 69, 167, 175
Mo Ti 115, 181

Nero 70
Nietzsche, F. 130, 137, 150, 167, 178, 180, 184, 186
Noack, L. 163

Ockham, G. 167, 172

Paracelso, T.B.H. 167, 175

Parmênides 64, 115, 171
Pascal, B. 167, 176
Paulo 129, 131, 149
Pico della Mirandola 170
Platão 26, 34, 40, 56, 64, 115, 147, 153, 160, 161, 166, 168, 169, 183, 184
Plotino 50, 153, 166, 168, 169
Plutarco 166, 169
Proteu 128

Ranke, L. 167, 179
Rembrandt 182
Runes, D.D. 164

Schelling, F.W. 59, 147, 149, 167, 177
Schmidt, H. 164
Schopenhauer, A. 46, 184
Sêneca 70, 166
Sextus Empiricus 166
Shaftesbury, A. 167, 177
Shakespeare, W. 182
Sócrates 69, 153
Sófocles 182
Spengler, O. 112

Spinoza, B. 147, 149, 167, 176
Stein, L. 167, 179
Strauss, O. 165
Strindberg, A. 186

Zeller, E. 165
Zenker, E.V. 165
Ziegenfuss, W. 163

Tales de Mileto 32, 44
Chuang-Tsé 115, 181
Tocqueville, A. 167, 179
Tomás de Aquino 147, 167, 172, 173
Toynbee, A. 112
Tsin-Chi-Huang-ti 117
Tucídides 115

Überweg, Friedrich 164

Vauvenargues, L.C. 167, 177
Vorländer, K. 164

Weber, M. 112, 167, 179, 186
Wilhelm, H. 165
Windelband, W. 164

Xenófanes 56

Zaratustra 115